탓

If Only

If Only

Copyright © 1995 by The David and Helen Seamands Trust
Originally published in English under the title: *If Only*
All rights reserved.

This Korean Edition Copyright © 1997, 2025 by Duranno Ministry, Seoul, Republic of Korea
This Korean Edition is published by permission of The David and Helen Seamands Trust.

이 책의 한국어판 저작권은 The David and Helen Seamands Trust와의 독점 계약으로 두란노서원에 있습니다.
저작권법에 의해 한국 내에서 보호를 받는 저작물이므로 무단 전재와 무단 복제를 금합니다.

탓

지은이 | 데이비드 A. 씨맨즈
옮긴이 | 윤종석
초판 1쇄 발행 | 1997. 2. 5.
개정 1판 1쇄 발행 | 2025. 6. 11.
개정 1판 2쇄 발행 | 2025. 10. 24.
등록번호 | 제1988-000080호
등록된 곳 | 서울특별시 용산구 서빙고로65길 38
발행처 | 사단법인 두란노서원
영업부 | 02)2078-3333 FAX | 080-749-3705
출판부 | 02)2078-3330

책값은 뒤표지에 있습니다.
ISBN 978-89-531-5116-1 03230

독자의 의견을 기다립니다.
tpress@duranno.com www.duranno.com

두란노서원은 바울 사도가 3차 전도 여행 때 에베소에서 성령 받은 제자들을 따로 세워 하나님의 말씀으로 양육하던 장소입니다. 사도행전 19장 8-20절의 정신에 따라 첫째 목회자를 돕는 사역과 평신도를 훈련시키는 사역, 둘째 세계선교™와 문서선교단행본·잡지 사역, 셋째 예수문화 및 경배와 찬양 사역, 그리고 가정·상담 사역 등을 감당하고 있습니다. 1980년 12월 22일에 창립된 두란노서원은 주님 오실 때까지 이 사역들을 계속할 것입니다.

책임 전가와
피해의식을 끊고 ─────── 하나님의 섭리를 믿다

탓

데이비드 A. 씨맨즈 지음
윤종석 옮김

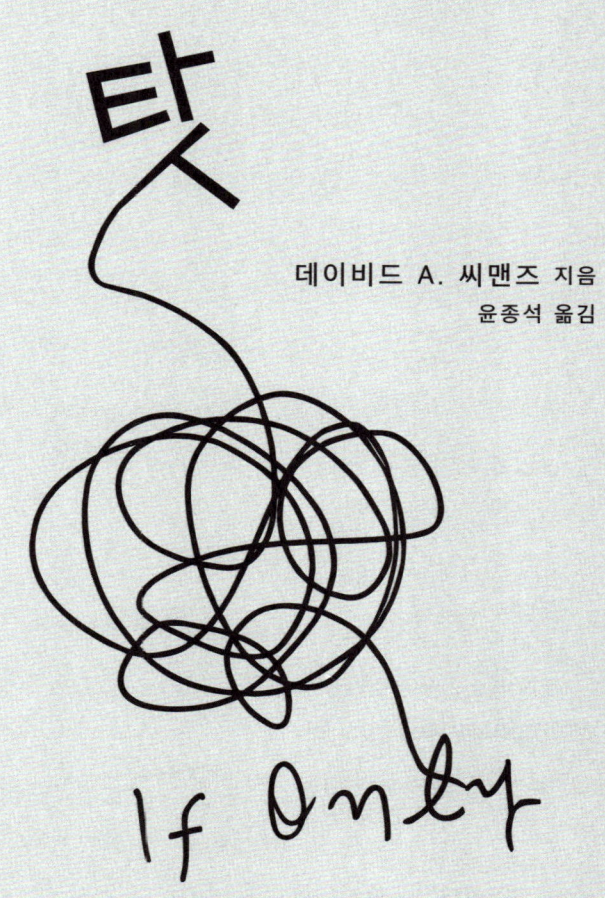

If Only

두란노

우리의 여정은 끝나지 않을지라도
우리의 방황은 끝날 것이다.
- 레슬리 웨더헤드

CONTENTS

1부
치열한 책임 전가 게임

---

1. "만약 …만 했더라면"
부모 탓, 세상 원망, 하나님 비난 ● 10

2. 고난의 문제, 여전한 수수께끼
사랑한다면서 왜 방관하시는가 ● 30

3. 중요한 건 '지금 여기'
이제 과거에서 나와 현재를 살라 ● 50

2부
피해의식의 덫에서 벗어나려면

---

4. 날 위해 피해자가 되신 예수를 의지하여
피해자와 자신을 동일시하신 하나님의 아들 ● 74

5. 내면의 어두움에 십자가 빛을 비추고
평생의 쓰라린 기억과 수치심에서 풀려나다 ● 94

6. 고통스러운 과거를 재구성하다
자기혐오에 빠진 나를 사랑으로 건지시는 하나님 ● 114

7. 변명을 걷어내고 책임질 용기를 내다
실패를 감추기 위한 온갖 시도를 멈추다 ● 138

3부
후회와 원망을 떨치고 용서와 신뢰의 길로!

8. "네가 믿기만 한다면"
절망적인 상황에서 하나님의 영광을 보다 ● 170

9. 함께할 때 열리는 치유와 회복의 문
비난받을 염려 없이 죄와 실패를 고백하는 공동체 ● 206

10. 피해자에서 승리자로
피해의식의 담을 뛰어넘을 때 보이는 하나님의 섭리 ● 232

주 ● 261

1부

치열한
책임 전가 게임

❝

하나님이 주셔서
나와 함께 있게 하신 여자
그가 그 나무 열매를 내게 주므로
내가 먹었나이다
…

뱀이 나를 꾀므로
내가 먹었나이다

(창 3:12-13)

❞

1.
"만약 …만 했더라면"

부모 탓,

세상 원망,

하나님 비난

나는 그리스도인으로 섬기며 거의 50년을 살아왔다. 깨지고 상처받은 사람들을 돌보며 평생을 보냈다. 과거의 상처와 아픔이 현재의 패배나 실패와 얼마나 긴밀히 이어져 있는지를 사람들이 이해할 수 있도록 설교와 목회 상담과 집필을 통해 돕고자 했다. 내 사역 초기에는 특히 이 문제에 중점을 두어야 했고, 복음주의자들 사이에서는 더욱 그러했다.

당시만 해도 정서적 문제는 그것이 무엇이든 간에 본인이 의도적으로 선택한, 그리하여 자신이 책임져야 할 어떤 특정한 죄의 직접적인 결과라는 인상을 우리 복음주의자들이 풍기고 있었기 때문이다. 다른 사람의 죄 때문에 피해자가 된 사람도 있다는 사실을 완전히 무시하지는 않았으나 턱없이 과소평가했다. 이들이 치유되고 때로는 말 그대로 구원받으려면 공감 어린 이해와 상담과 깊은 기도가 반드시 필요하다는 생각은 철저히 무시되는 경향이 있었다. 모든 것은 100퍼센트 영적인 문제이니 영적인 해답만이 있다고 여긴 것이다.

나는 오래전부터 이런 불균형에 관심이 있었다. 다른 사람들에게 상처받고 문제 행동을 보이며 절망에 빠진 사람들을 섬기면서, 이 불균형을 바로잡고자 설교하고 상담하고 글을 썼다. 그리스도는 우리의 구주요 치료자, 기묘자와 모사(Counselor)로서 우리를 정서적, 관계적, 영적 온전함에 이르게 하시는 분임을 깨닫도록 돕는 것이 내 사역의 목적이었다. 그런 의미에서 '피해자'를 돌보는 일에 내 평생을 보낸 셈이다.

그러나 지금 내게는 새로운 관심사가 생겼다. 우리 복음주의자들이 한쪽 방향으로 너무 멀리 간 것은 아닌가? 균형을 잃고 반대쪽 극단으로 치달을 위험은 없는가? 1993년 5월 17일자 〈크리스채너티 투데이〉는 "치료의 혁명"이라는 제호 아래 이런 우려를 다루고 있는데, 그 분야의 몇몇 지도자들도 동일한 관심을 표명했다.

개인적으로 가장 놀란 지점은 복음주의 기독교 상담 자체가 피해자가 될 수 있겠다는 것이다. 이제는 온 나라에 유행하는 전염병이 된 '피해자 행세'(victimism: 피해자를 연기하는 경향, 피해자 페르소나를 선택함.

—옮긴이) 또는 피해자학(victimology) 현상의 피해자 말이다. 이것은 선택에 따르는 개인적 책임을 회피하고 책임 전가 대상을 찾음으로써 거의 모든 행동에 대해 발뺌하려 드는 거대한 책임 전가 싸움(blame game)이다.

안타깝게도 그리스도인 내담자 다수가 이 전염병에 감염되고 말았다. 상담을 통해 얻은 통찰을 성화(聖化) 즉 그리스도를 더욱 닮아 가는 과정의 한 수단으로 사용하지 않는 내담자들이 있다. 그들은 자신의 책임을 회피하고 그리스도인의 삶의 수준을 낮춰도 괜찮다는 핑곗거리로 그 통찰을 사용하는 듯 보인다.

이런 관심사들이 생기면서 결국 나는 심층적으로 연구하지 않을 수 없었다. 이 책은 그 결과물이다. 나는 책임과 치유라는 주제와 관련해 성경이 말하는 바를 깨달았는데, 거기에 굉장한 역설이 있다는 사실에 크게 놀랐다. 즉 성경에는 온갖 피해자들이 등장하지만 피해자 의식(victimization)은 전혀 없다. 자신이 선택하지도 않았고, 통제할 수도 없었고, 자신이 책임질 것 없는 일로 고난을 당하는 사람들, 이런 피해자들은 성경에 얼마든지 있다. 그러나 그렇게 입은 피해를 자신의 존재와 생활 방식의 근거로 삼아도 된다고, 즉 피해의식 속에 살아도 된다고 허락받은 사람은 단 한 명도 없다. 나는 여기서 실마리를 얻어 전체 주제의 두 핵심 단어인 '만약'(if)과 '만약 …만 했더라면'(if only)을 연구의 바탕으로 삼았다.

변명의 '만약', 믿음의 '만약'

많은 사람들이 '만약'이라는 뜻의 'if'가 성경에 나오는 단어 가운데 가장 나약한 단어라고 생각한다. 이때의 '만약'은 불평과 후회, 책임 전가의 시선으로 늘 뒤를 돌아보며 자신의 불리한 조건뿐 아니라 죄와 실패까지 변명할 때 쓰인다. 목회 상담가로서 나는 사람들이 끊임없이 이 단어를 사용하는 것을 보아 왔다. 대다수 사람들은 '만약 …만 했더라면'이라는 흔한 구절로 바꾸어 그 절망감과 부질없음을 부각하곤 한다.

그런데 어느 날, 나는 '만약'이 앞을 내다보는 믿음의 '만약'으로 쓰인다면 강한 단어가 되기도 한다는 사실을 깨달았다. 하나님의 약속을 믿는 믿음이야말로 약속의 성취를 경험하는 유일한 조건이다. 뒤를 돌아보는 나약한 표현인 '만약 …만 했더라면'이 책임 회피의 구실이라면, 믿음에서 나오는 굳센 단어 '만약'은 하나님의 능력의 보고를 여는 열쇠다.

성경에는 긍정적 의미의 '만약'과 부정적 의미의 '만약'이 모두 등장한다. 그중 몇 가지 경우를 살펴보고 싶다. 두 가지 용례를 명확히 구분하기 위해, 분명히 부정적 의미로 쓰인 경우에 한하여 '만약'을 '만약 …만 했더라면'으로 바꿔 썼음을 밝혀 둔다.

나약한 표현 '만약 …만 했더라면'과 강한 표현 '만약'은 요한복음 11장에서 극적인 대조를 이룬다. 요한복음 11장은 주님께서 나사로를 살리시는 유명한 기사다. "주께서 여기 계셨더라면(if only) 내 오라버니가 죽지 아니하였겠나이다." 21절과 32절에 나오는 마르다와 마리아의 이 하소연은 40절에 나오는 예수님의 도전과 대비된다. "내 말이 네가 믿으면(if) 하나님의 영광을 보리라 하지 아니하였느냐."

나사로 사건은 이 책의 기본 윤곽이자 흐름이 될 것이다. 그 세부 사항에 이 책의 주제와 꼭 맞는 성경적인 개념이 많이 등장하기 때문이다. 또한 이 기사에는 기독교 상담과 치유, 그리스도 안에서 온전함으로 회복되는 모든 과정과 관련된 중요한 신학적 질문과 영적 논쟁점도 적잖게 담겨 있다. 이 이야기를 더 깊이 깨달을 때, 우리 모두 그날 베다니에 있었던 무리 중 한 명으로 자신을 여기게 되리라 믿는다.

온 나라를 휩쓰는 전염병

"악마가 시켜서 그랬어." 코미디언 플립 윌슨의 이 유명한 대사는 몇 년 전만 해도 누구나 웃게 만드는 말이었다. 우리는 이 말이 누구나 사용해 본 적 있는 지극히 평범한 대사라는 것을 안다. 자신의 죄와 실패에 대한 책임을 회피하려는 우리네 인간들의 뻔한 변명으로 말이다. 이 말에 웃는 것은 정말 건강한 반응이었다. 그 말이 너무나 어처구니없는 얘기라는 것은 누구나 알기 때문이다. 세상 그 무엇이 우리 마음에 유혹거리를 들이민다 해도 선택은 우리 자신에게 달렸으며, 따라서 그 무엇, 그 누구, 심지어 악마에게도 책임을 전가할 수 없음을 우리는 알고 있었다.

그러나 이제는 달라졌다. 어느 입담꾼은 미국 역사를 3단계로 요약했는데, 곧 들소 소탕, 인디언 소멸, 책임 전가다. 그는 세 번째 책임 전가의 예로 법정을 묘사한 최근 만화 한 장을 보여 주었다. 검은색 법의를 입고 저 멀리 판사석에 앉은 판사가 앞에 있는 피고에게 묻는다. "피고는 어떻게 항변하고 싶소? 유죄로 눌러앉겠소, 무죄를 주장하겠소? 무죄라면 그 이유로 정신착란을 주장하겠소, 저혈당 작용으로 하겠소? 아니면 카페인이나 니코틴이나 마약의 금단 증상으로 하겠소, 부모의 부적절한 양육으로 하겠소?" 이 만화를 보면 역시나 웃음이 나오겠지만 이번 웃음은 좀 불안하고 꺼림칙하다. 우리가 심각한 문제에 당면했음을 인식했기 때문이다. 어처구니없다고 하기에는 너무나 현실적인 이야기다.

"만약 …만 했더라면", "나한테 책임을 묻지 마", "내 잘못이 아니야" 등의 태도는 '피해자 되기'라고 하는, 온 나라를 휩쓸고 있는 전염병 같은 현상이다. '피해의식', '피해자 행세'의 급격한 확산에 언론도 놀라고 있다. 1991년, 〈뉴욕〉(*New York*) 매거진은 "나에게 책임을 묻지 말라!"는 제호 아래 '피해자 행세, 새로운 문화 현상'을 커버스토리로 다루었다. 〈하퍼스〉(*Harpers*)는 특집 제목을 "모두가 피해자란 말인가?"로 내걸었고, 〈타임〉의 커버스토리는 "울보 아이들: 영원한 피해자"였다. 텔레비전의 경우, 이른바 인기 토크쇼뿐 아니라 〈지금〉(Now), 〈48시간〉(Forty-Eight Hours), 〈데이트라인〉(Dateline), 〈60분〉(Sixty Minutes), 〈프라임 타임〉(Prime Time), 〈20/20〉 등 시사고발 프로그램에서도 최근 몇 년 사이에 책임 전가 싸움으로 알려진 이런 현상을 분석한 바 있다. 우리는 실제 경험담을 그럴듯하다 못해 때로는 기묘해 보일 정도로 질질 늘여서 만든 드라마들을 익히 보아 왔다. 민사 소송과 형사 소송 사건을 보면 어이없는 사건에서 위험한 사건까지 온갖 것이 등장한다.

펜실베이니아주의 한 교직원은 습관적으로 지각을 일삼다가 해고를 당하자 학교를 상대로 소송을 걸었다. 변호사는 그가 '만성 지각 증후군'의 피해자라고 강변했다.

뉴욕주 작은 마을 사보나(Savona)에서는 열세 살 남자아이가 네 살 남자아이를 꼬여 숲으로 데리고 들어가 성폭행한 다음 몽둥이로 때려서 죽인 사건이 있었다. 피고 측에서는 피고가 역기능 가정 출신에다 귀가 이상하게 생겼다며 아이들에게 놀림을 받아 낮은 자존감으로 고통당했으며, '간헐적 발작, 정신장애, 간헐적 폭발성 장애'의 피해자이므로 책임을 물을 수 없다고 강하게 주장했다. 물론 배심원들이 이를 인정하지 않았지만 말이다.

아마도 가장 널리 알려진 사례는 에릭 메넨데즈와 라일 메넨데즈 형제 사건일 것이다. 1989년 어느 날 밤, 이들은 잔인한 방법으로 부모를 살해한 후 응급 구조대에 전화를 걸었고, 마피아가 저지른 짓이라며 책임을 돌렸다. 심지어 에릭은 장례식에서 격한 감정으로 조사를 읽기도 했다. 1,400만 달러(약 200억 원)를 유산으로 물려받은 이들은 유흥을 즐기는 데 거의 100만 달러를 흥청망청 써 버렸다.

그로부터 몇 달 후, 어느 심리학자와 나눈 이들의 대화가 녹음되어 세상에 공개되었다. 그들은 소름 끼치게 냉혹한 살인을 저질렀음을 털어놓았다. 메넨데즈가(家)의 막대한 재산이 쟁쟁한 변호사들을 사는 데 소비되었다. 이 변호사들은 도대체 어떻게 근거리에서 총알을 열여섯 방이나 쏜 이 야만적인 살인 행위를 배심원들에게 '이해시켰단' 말인가? 방법은 하나뿐이었다. 악인을 피해자로 둔갑시키는 것이다. 이들은 아버지에게 흉측하고 치욕스러운 성폭행을 당한 피해자들이 되었다. 배심원들의 의견이 갈린 결과 이들이 무죄로 방면되자 이 기막힌 사법 코미디에 온 국민이 치를 떨었다.

다른 사례로 콜린 퍼거슨이 있다. 자메이카의 유복한 가정에서 자란 그는 미국으로 이민을 왔고 뉴욕시에 정착했다. 1993년 12월, 그는 캘리포니아주로 가서 총기 구입에 필요한 15일 대기 기간을 채운 다음 총을 샀고, 집으로 돌아와 저녁 퇴근 시간대에 롱아일랜드 지하철을 탔다. 그는 치밀한 계획하에 총을 난사하여 여섯 명을 죽이고 열아홉 명에게 부상을 입혔다. 나중에 밝혀졌지만 그의 호주머니에는 인종 혐오 표현을 적은 쪽지가 가득했다. NBC 프로그램〈지금〉(Now)에 출연한 그의 변호사들은 피해자들과 그 가족들에게는 유감스럽지만 퍼거슨이야말로 '진짜 피해자'라고 주장했다. 그런 극단적인 행위까지 하도록 몰고 간 '흑인 분노 증후군'의 피해자라고 말이다.

유명한 피고인 고객이 처벌받지 않게 빼내 주는 일에 관여해 온 유명한 변호사 앨런 더쇼비츠가 찰리 로즈 토크쇼에 출연했다. 그는 심슨(O. J. Simpson) 변호인단의 일원으로서 자신들의 전략을 완전히 공개했다. "이제 여러분은 피고 측이 오히려 살해된 피해자들을 신랄하게 공격하는 것을 보게 될 것입니다. 재판이 끝날 때쯤이면 아무도 죽은 두 사람을 불쌍하다고 하지 않을 것입니다." 이 얘기를 들었던 나는 그가 〈굿모닝 아메리카〉 인터뷰에 나와 자신의 신간 *The Abuse Excuse*(폭행의 변명)을 홍보했을 때 충격을 받았다. 그는 "과거의 비참한 경험이 현재 폭행을 변명하는 데 악용된" 많은 사례에 관심을 보였고, 엄연한 범죄자가 '대학살 생존자 증후군'의 피해자로 둔갑한 경우를 언급했다. 이어서 그는 판사들이 이런 작태에 제동을 걸지 않으면 미국의 사법 제도는 통째로 사라질 것이라고 했다. 피해 논리를 만들어 내는 데 일조한 장본인들 역시 프랑켄슈타인처럼 결국 언젠가 그 논리의 피해자가 될 수 있다는 사실을 깨닫게 되지 않을까?[1]

위스콘신주 정책 연구소의 수석 연구원 찰스 사이크스는 이 문제를 다룬 심층 학술 연구 결과를 *A Nation of Victims: The Decay of the American Character*(피해자들의 나라: 미국 국민성의 쇠퇴)라는 책에 수록한 바 있다. 신중한 자료 수집과 분석 끝에 그는 "나는 피해자이므로 나에게는 책임이 없고 내 잘못이 아니다"라는 점점 거세지는 국가적 모토가 사회 자체를 파멸시킬 위험이 있다고 지적했다. 이것은 이미 교

육 제도나 사법 제도 등 이 나라의 가장 중대한 기초를 조금씩 약화시키고 있다.²

정신질환을 가장한 악행

피해의식 전염병의 또 다른 증거로는 심리학 및 정신 치료가 극단으로 치닫는 현상을 들 수 있다. 《정신질환 진단 및 통계 편람》(*Diagnostic and Statistical Manual of Mental Disorders, DSM*)은 이 분야에서 거의 성경과 같은 위치에 있다. 상담자들이 보험회사에 청구서를 보낼 때 사용하는 코드 번호를 결정하기 위해 이 책을 참고하기 때문에, 실제적인 관점에서 *DSM*은 중요하다. 출처는 다를지라도 이를 통합하는 '진리'가 있다고 믿는 그리스도인 상담가로서 나도 인간 성격의 복잡성을 이해하기 위해 더러 *DSM*의 도움을 받는다. 죄와 질병과 상한 감정 등은 너무나 얽히고설켜 있다. 그래서 하나님이 성경에 밝혀 두신 최고의 지혜와 인간이 찾아낸 최선의 지식이 치유 과정에 함께 요구되는 경우들이 있다. 물론 최종적 권위는 하나님의 말씀이다. 인간의 모든 지혜는 말씀으로 여과되고 말씀의 판단을 받아야 한다.

최신판 *DSM-IV*를 보면 흔히 말하는 '정신질환'이 300가지도 넘는다. 1952년도 판의 수치보다 3배나 많다. 성경적 관점에서 볼 때 강한 반감을 품지 않을 수 없는 규정들도 있다. 악한 행동에 대해 마땅히 져야 할 책임을 다른 구실을 들어 회피하려 하기 때문이다. 이러한 책임 거부는 하나님이 우리 안에 심으신 도덕 질서를 위반하는 것이고, 바른 성품을 해치는 것이며, 정서적·영적으로 더 큰 고통을 불러온다. 자연히 피해의식 전염병이 퍼지고 결국 정신 건강은 나아지는 것이 아니라 오히려 악화된다.

흡연가가 겪는 고통인 '니코틴 의존증'부터 글쓰기에 서툰 사람이 겪는다는 '작문 표현 장애'에 이르기까지 별의별 '정신질환'이 편람에 포함된 것을 보면 입이 떡 벌어진다. 숫자 계산에 늘 애를 먹는 사람은 '계산 장애'(코드 번호 315.1)의 피해자일 수 있다. 자녀들이 항상 대드는가? 걸핏하면 화를 내는가? 부모가 정한 규칙을 따르지 않는가? 다른 사람의 신경을 고의로 건드는가? 자기 잘못인데 다른 사람 책임으로 돌리며 원한과 앙심을 품고 행동하는가? 지난 6개월 동안 당신의 자녀에게 이런 '증상'이 네 가지 이상 나타났다면, 그 아이는 '반항 행동 장애'(313.81)를 앓는 것인지도 모른다.

공정을 기하기 위해 두 가지를 말해 두자. *DSM*은 일종의 정신적 교정 규범 혹은 비법서로 이 책을 사용하려는 사람들에게 많은 주의사항을 알려 주고 있으며, '정상'과 '비정상'을 구분하기가 어렵다는 경고도 잊지 않는다는 것이다. 문제는 이 책 전반에 깔린 의식 체계 때문에 단순히 무엇이 '정상'인지 결정하기가 거의 불가능하다는 점이다. 믿거나 말거나지만, 들어맞는 병명이 하나도 없다고 생각되는 경우를 위해 '코드 300.9: 불특정 정신질환(비정신병적)'까지 있다.[3]

이러니 심리 '전문가들'의 법정 증언에 대한 신뢰가 점점 떨어지는 것은 물론 이들이 거대한 책임 전가 싸움의 한패가 되었다고 느끼는 것도 무리는 아니지 않겠는가?

영혼 내면의 근본적 변혁

나는 '만약 …만 했더라면'이라는 말을 수없이 들으며 살아왔다. 물론 구체적 표현은 사람마다 달랐다. 목회 상담가가 되기 훨씬 전에도 이 말을 들은 적이 있다. 인도 시골 마을에서 복음을 전하며 선교사로 살던 때(1946-1962년)였다. 우리는 힌두교의 사회적·경제적 계급 가운데 제일 하위인 불가촉천민을 대상으로 사역했다. 현대로 접어들면서 인도는 카스트제도의 수많은 폐단을 근절하는 일에 진보가 있었다. 그러나 당시만 해도 억압과 천대를 받던 사람들의 상태는 비참했다. 오랜 세월 동안 이들은 종교를 앞세운, 냉혹해질 대로 냉혹해진 잔인한 제도의 진짜 피해자였다. 이생의 업보 또는 계급은 피해의식을 갖게 하는, 신이 정해 준 이유였다. 이들은 탄식조로 읊조리곤 했다. "우리도 높은 계급 부모 밑에서 태어났더라면." "조금이라도 우리 땅이 있었다면." "이렇게 분리 구역에서 살지 않는다면." "글을 읽고 쓸 줄만 알았다면." 이들에게 복음이 얼마나 혁명적이었을지, 그리고 그들이 그 소망의 메시지에 얼마나 간절히 반응했을지 여러분은 짐작이 갈 것이다.

우리 덕분에 그들의 교육, 보건, 직업 기술, 농사 기술 등은 향상되었다. 그러나 그보다 훨씬 중요한 것이 있었다. 이런 피해자가 절망적으로 보이는 상황을 딛고 일어나 승리자가 되려면 영혼 내면에 근본적 변혁이 일어나 비관이 신앙으로 바뀌어야 했다. 많은 새 신자들에게 세례를 주던 날이 떠오른다. 중고등학교 때 외웠던 친숙한 성경 말씀이 완전히 새로운 의미로, 강하게 다가왔다.

"오직 너희는 택하신 족속이요 왕 같은 제사장들이요 거룩한 나라요 그의 소유가 된 백성이니 이는 너희를 어두운 데서 불러내어 그의 기이한 빛에 들어가게 하신 이의 아름다운 덕을 선포하게 하려 하심이라 **너희가 전에는 백성이 아니더니 이제는 하나님의 백성이요** 전에는 긍휼을 얻지 못하였더니 이제는 긍휼을 얻은 자니라"(벧전 2:9-10).

'만약 …만 했더라면!'(if only)을 저마다 포기하기만 한다면(if only), 하나님은 쓸모없어 보이는 사람도 중요한 사람으로 바꾸실 수 있다는 사실을 나는 배웠다. 당시에는 충분히 느끼지 못했지만 이것은 정말 중요하고도 깊은 깨달음이었다. 이 깨달음을 통해 하나님은 거룩함과 온전함에서 건강한 자존감이 차지하는 위치에 관한 중요한 진리를 가르쳐 주셨다. 나는 나중에야 이것이 이후의 목회 상담 사역 훈련에서 아주 중요한 부분임을 알았다.

자동적인 책임 전가

시골에서 10년간 전도한 후 나는 방갈로르(Bangalore)의 어느 교구에 부임하게 되었다. 그곳은 많은 대학, 과학 연구, 상업 등으로 잘 알려진, 떠오르는 인도 남부 도시였다. 지금 이곳은 인도의 신생 컴퓨터 산업이 성장하는 실리콘 밸리다. 거기서 6년을 지내며 나는 일종의 내적 치유를 경험했다. 내 인생의 방향을 완전히 바꿔 놓은 상담 사역의 시초도 거기서 비롯했다. 이에 관해서는 《기억의 치유》에서 자세히 이야기한 바 있다.[4] 지금은 이 이야기와 부합하는 한 가지 측면을 강조하고 싶다.

잘 믿기지 않겠지만, 그때까지만 해도 나는 한 번도 죄를 지어 본 적이 없었다. 실패하거나 넘어져 본 적도 없고, 아내나 아이들에게 큰소리 한 번 낸 적이 없었다. 믿어지지 않는가? 그렇다. 믿기지 않을 수 있다. 충분히 그럴 수 있다. 물론 나는 실패하고 잘못한 적이 정말 많았지만, 그것은 '진짜 나'가 아니었다. 나의 내면 깊은 곳에는 기가 막힌 감정 장치가 장착되어 있었다. 완벽한 자동 장치였다. 굳이 스위치를 누를 필요도 없었다. 죄를 짓고, 실패하거나 넘어지고, 친구나 가족에게 한바탕 퍼부을 때면 이 놀라운 장치는 저절로 켜졌고 내 내면에서 나지막이 속삭였다. "괜찮아, 데이비드. 신경 쓸 것 없어. **너희 엄마가 그런 사람만 아니었어도** 넌 그러지 않았을 거야."

얼마나 큰 위안인가. 실패할 때마다 항상 몸을 파묻고 웅크릴 수 있는 포근한 애착 담요였다. 무엇보다 놀라웠던 것은, 그 오랜 세월 동안 '만약 …만 했더라면'이라는 내 목소리를 내가 제대로 들어 본 적이 없었다는 것이다. 아까 말했듯 수없이 많은 사람들이 그런 말을 하는 것을 계속 들어 왔지만, 정작 내가 내 입으로 말할 때는 그 말을 진지하게 들어 본 적이 없었다. 개인적인 책임을 회피하려고 변명해 온 내 모습을 깨달았을 때 얼마나 큰 충격을 받았는지 모른다. 이 문제를 처리하기 전에는 상한 감정의 치유란 있을 수 없는 일이었다. 그 과정을 시작하자마자 성령께서 "그 일만은 이제 그만둬야 해"라고 내게 말씀하고 계심을 알았다.

그토록 오랜 세월 사용해 온 만큼 '만약 …만 했더라면'은 하룻밤 만에 제거되지 않았다. 하지만 그 후로는 '만약 …만 했더라면'이 반복될 때마다 다른 음성이 함께 들렸다. 요한복음에서 예수님이 성령을 지칭하면서 즐겨 사용하셨던 단어는 '파라클레테'(paraklete)다. 이는 "우리 곁에 계시는 분"이라는 뜻이다. 새뮤얼 채드윅은 그것을 "성령의 즉각적 대응(counteractivity)"이라는 멋진 문구로 표현했다. 과연 성령께서는 글자 그대로 내 곁에 오셔서 이렇게 일깨워 주곤 하셨다. "데이비드, 이제 더 이상 그런 식으로 하면 안 돼." 그러면 나는 '만약 …만 했더라면'이라는 변명을 내려놓고 내 행동을 온전히 책임질 수 있는 용기를 달라고 속으로 기도하곤 했다. 그리고 끝내 그런 변명이 완전히 잠잠해지는 때가 왔다.

피해의식을 버리고

1962년 인도를 떠나 미국에서 설교, 교육, 상담 사역을 시작한 지 벌써 30년이 되었다. 애즈베리대학과 신학대학원 학생들이 다니는 교회에서도, 장소와 사람들은 달라졌지만, 그들이 말하는 내용은 한결같았다. "다른 부모에게서 태어나기만 했더라면. 우리 부모님이 그렇게 엄하지만 않았더라면(혹은 더 엄했더라면). 부모님이 좀 더 나를 사랑해 주셨더라면. 선교사 자녀만 아니었더라면. 나도 형처럼 머리가 좋았더라면. 언니처럼 예쁘기만 했더라면. 시험 날 아프지만 않았더라면. 성폭행을 당하지만 않았더라면. 이 사람과 결혼하지만 않았더라면. 이혼만 하지 않았더라면(혹은 좀 더 일찍 이혼했더라면). 교회 목사나 성도들이 나를 공정하게 대해 주기만 했더라면." 이런 말들은 끝이 없다. 가끔 나는 'B. A.'나 'M. Div.'가 정말 무슨 말의 준말인지 궁금해진다. 문학 학사(Bachelor of Arts)인가, 알리바이를 만드는 자(Builder of Alibis)인가? 목회학 석사(Master of Divinity)인가, 방어의 달인(Minister of Defense)인가?

내 말을 오해하지 않기 바란다. '피해자'라는 것은 엄연히 존재한다. 이 흠 많고 죄 많은 타락한 세상에서 자신이 피해자라고 주장하는 많은 사람들의 말이 정당하다는 사실은 아무도 부인할 수 없다. 저녁 뉴스가 매일 이 사실을 의심할 여지 없이 입증하고 있다. 성경 안에도 피해자라 불러 마땅한 개인과 집단과 나라가 얼마든지 있다.

예수님이 "불쌍히 여기셨다"는 신약의 표현도 있지만 우리는 고난을 무조건 당사자가 지은 죄의 결과로 보려는 기계적 공식을 깨끗이 버려야 한다.

역기능 가정, 완벽주의 가정(율법주의적 가정)의 강압적 자녀 양육, 신체적·언어적·성적 폭행 등 이런 것들로부터 비롯된 비참한 정서적·영적 결과에 대해서는 나의 다른 책에서 충분히 소개했다. 이런 것들은 대부분 다른 사람들이 우리에게 지은 죄의 결과다. 그 피해는 비참하기도 하지만 아주 복잡해서, '거듭남'이나 '성령 충만' 이상의 훨씬 깊이 있는 특수한 상담과 내적 치유가 필요하다. 1960년대에 이런 사실들을 발표하기 시작한 이래로 나는 이 분야에서 선두 주자 역할을 해 왔다. 복음주의 그리스도인들에게 이런 이야기가 순순히 받아들여진 것은 많은 시간이 지나서였다. 지금 이 책의 내용도 어떤 식으로든 이런 기존 사실을 부정하는 쪽으로 해석되면 안 될 것이다.

그럼에도 기독교 상담 및 치유 분야에서 일하는 사람들이 늘 염두에 두어야 할 것이 있다. 성경에 진짜 피해자가 숱하게 등장한다 할지라도 '피해의식'이 들어설 여지는 조금도 없다는 사실이다. 오히려 성경은 하나님의 치유 일정 및 회복 과정 속에서 우리 모두 상처를 극복하고 용서로, 비현실적 바람을 버리고 책임감 있는 행동으로, 책임 전가에서 믿음으로 나아가야 할 때가 반드시 있음을 강조한다. 피해자가 승리자로 탈바꿈되는 자리로 나아가는 것이다.

나사로라고 하는 사람이 병이 들었는데 그는 마리아와 그의 자매 마르다의 마을 베다니에 살고 있었습니다. … 두 자매는 사람을 예수께 보내어 말했습니다. "주여, 주께서 사랑하시는 사람이 병들었습니다." …

예수께서는 마르다와 그녀의 자매와 나사로를 사랑하셨습니다. 그러나 나사로가 아프다는 말을 들으시고도 예수께서는 계시던 곳에 이틀이나 더 머무르셨습니다. 그러고 나서야 예수께서 제자들에게 "다시 유대 지방으로 돌아가자" 하고 말씀하셨습니다. … 예수께서 그곳에 도착하셔서 보니, 나사로가 무덤 속에 있은 지 이미 4일이나 됐습니다. …

마르다가 예수께 말했습니다. "주여, 주께서 여기 계셨더라면(if only) 오빠가 죽지 않았을 것입니다. 그러나 지금이라도 주께서 구하시는 것은 무엇이든지 하나님께서 다 이루어 주실 줄 압니다." 예수께서 마르다에게 말씀하셨습니다. "네 오빠가 다시 살아날 것이다." 마르다가 대답했습니다. "그가 마지막 날 부활 때에 다시 살아나리라는 것은 제가 압니다."

예수께서 마르다에게 말씀하셨습니다. "나는 부활이요, 생명이니 나를 믿는 사람은 죽어도 살겠고 살아서 나를 믿는 사람은 영원히 죽지 않을 것이다. 네가 이것을 믿느냐?" 마르다가 예수께 말했습니다. "네, 주여! 주는 세상에 오실 그리스도이시며 하나님의 아들이심을 제가 믿습니다."

마르다는 이 말을 하고 나서 돌아가 자기 동생 마리아를 불러 가만히 말했습니다. "선생님이 여기 와 계시는데 너를 부르셔." … 마리아는 예수께서 계신 곳에 이르러 예수를 보자 그 발 앞에 엎드려 말했습니다. "주여, 주께서 여기 계셨더라면(if only) 저희 오빠는 죽지 않았을 것입니다."

예수께서는 마리아가 흐느껴 우는 것과 따라온 유대 사람들도 함께 우는 것을 보시고 마음이 비통해 괴로워하셨습니다. … 예수께서는 눈물을 흘리셨습니다. 그러자 유대 사람들이 말했습니다. "보시오. 그가 나사로를 얼마나 사랑하셨는지!" 그러나 그들 중 어떤 사람은 이렇게 말했습니다. "눈먼 사람의 눈을 뜨게 하신 분이 이 사람을 죽지 않게 하실 수는 없었다는 말이오?"

예수께서는 다시금 속으로 비통하게 여기시며 무덤 쪽으로 가셨습니다. 무덤은 입구를 돌로 막아 놓은 동굴이었습니다. 예수께서 말씀하셨습니다. "돌을 옮겨 놓아라." 죽은 사람의 누이 마르다가 말했습니다. "하지만 주여, 그가 저기 있은 지 4일이나 돼 벌써 냄새가 납니다."

예수께서 말씀하셨습니다. "네가 믿으면(if) 하나님의 영광을 볼 것이라고 내가 네게 말하지 않았느냐?" 사람들은 돌을 옮겨 놓았습니다. 예수께서 하늘을 우러러 보시고 말씀하셨습니다. "아버지여, … 아버지께서는 언제나 내 말을 들어주신다는 것을 내가 압니다.…" 예수께서 이렇게 말씀하시고 큰 소리로 외치셨습니다. "나사로야! 나오너라!" 죽었던 나사로가 나왔습니다. 그의 손발은 베에 감겨 있었고 얼굴은 천으로 싸여 있었습니다. 예수께서 그들에게 말씀하셨습니다. "그를 풀어 주어 다닐 수 있게 하라."

_ 요한복음 11:1-44(우리말성경)

❝
주여… 사랑하시는 자가 병들었나이다…
나사로가 병들었다 함을 들으시고
그 계시던 곳에 이틀을 더 유하시고
(요 11:3, 6)

2.
고난의 문제, 여전한 수수께끼

사랑한다면서

왜

방관하시는가

요한복음 11장에 나오는 나사로의 질병과 죽음, 부활 이야기를 읽다 보면 여러 차례 등장하는 '만약 …만 했더라면'을 놓칠 수 없다. 첫 번째는 예수님이 아직 베다니에 이르시기도 전에 마르다가 길에 달려 나와 맞이하면서 했던 말이다. 마르다는 충분히 그럴 수 있는 사람이다. 지나친 열의와 과도한 불안에 휩싸인 마르다가 '만약 …만 했더라면'을 예수님께 지금 처음 말한 것은 아니다. 언젠가 동생 마리아가 제 할 일을 하지 않는다고 생각한 마르다는 마리아가 태만한 것이 예수님의 책임인 양 따지고 들었다. "주여, 내 동생이 나 혼자

일하게 두는 것을 생각하지 아니하시나이까 그를 명하사 나를 도와주라 하소서"(눅 10:40). 마르다가 한 말을 달리 표현하면 이렇다. "주님이 저한테 조금만 더 관심을 가지셨더라면(if only) 마리아한테 한마디 하셨을 겁니다."

이번에도 마르다는 드디어 예수님이 오셨다는 말을 듣고 한달음에 마중을 나갔다. 물론 예수님은 늦게 오셨다. 그분은 길거리에서 거지들의 병을 고치시느라 가던 길을 언제나 멈추셨다. 마르다는 예수님께 우는소리를 했다. "주께서 여기 계셨더라면 내 오라버니가 죽지 아니하였겠나이다"(21절). 우리가 마르다에게 예상했던 바로 그대로다.

그런데 놀라운 일이 일어난다. 생각 깊고 신앙 좋은 마리아가 슬픔에 잠긴 나머지 그때까지 집 밖에 나오지 않았었다. 그러다 예수님이 오셨다는 말을 듣자마자 마리아 역시 밖으로 나와 예수님을 맞이한다. 마리아가 하는 말은 마르다가 했던 말과 다를 바 없었다. "주께서 여기 계셨더라면 내 오라비가 죽지 아니하였겠나이다"(32절). 잠시 후 예수님은 이들의 나약하고 절망적인 '만약 …만 했더라면'을 완전히 다른 '만약'으로 받아치셨다. 이 강하고 소망에 찬 '만약'은 그들의 시각도, 그들의 안색도 달라져야 한다는 예수님의 도전이었다. 그분이 이 말씀을 하신 때는 가장 어둡고 비참한 순간이었다. 나사로가 죽은 지 얼마 안 되었으며, 시신에서 썩은 내가 난다는 이야기를 마르다에게 들은 직후였다는 사실을 우리는 잊어서는 안 된다. "내 말이 네가 믿으면(if) 하나님의 영광을 보리라 하지 아니하였느냐"(40절).

여기서 '만약 …만 했더라면'과 '네가 믿으면'이 극명하게 대조된다. 하나는 가장 연약한 것이요, 하나는 가장 강력한 것이다. 하나는 극한 절망에 찬 말이요, 하나는 놀라운 희망에 찬 말이다. 지금부터 몇 장(章)에 걸쳐 이 기사를 자세히 살펴볼 것이다. 예수님이 그 사랑하시는 자들의 마음 상태를 어떻게 예수님께 책임을 전가하는 과거 시제에서 위대한 새 생명 되시는 그분을 믿는 현재 시제로 이끄시는지 알아보려 한다.

사랑과 고난의 신비

우선 이 이야기의 배경을 살펴볼 필요가 있다. 두 자매가 상처받고 실망하고 심지어 원망까지 품게 된 몇 가지 까닭이 그 속에 있기 때문이다. 요한은 마리아와 마르다 그리고 오빠 나사로로 이루어진 베다니의 어느 가족과 예수님의 특별한 관계를 의도적으로 강조한다. 이들의 집이야말로 예수님께서 집이라 부르실 만한 유일한 장소가 아니었나 싶다. 베다니가 예루살렘에서 3킬로미터 정도 떨어진, 조용한 교외에 위치해서 좋았던 곳임은 분명하다. 하지만 예수님이 이 집에 머무셨던 까닭은 단지 편리해서가 아니었다. 누구나 그렇듯 예수님도 소속감이 필요했는데, 예수님의 친가족보다 이 가정이 그 필요를 더 잘 채워 주었다. 하지만 이보다 더 높은 차원에서, 예수님은 이들을 진정 아끼고 사랑하셨다. 요한은 이렇게 기록했다. "예수께서 본래 마르다와 그 동생과 나사로를 사랑하시더니"(5절).

만일 역사상 다른 종교 지도자에 대해 이런 이야기를 기록했다면 이 이야기에는 비판하려는 의도가 있을 수 있다. 이는 도덕적으로 비난받을 만한 일로 해석될 수 있기 때문이다. 그러나 예수님에 대한 이야기이기에, 이 말들은 순수하고 아름답고 감동적이다. 의심을 불러일으키는 것이 아니라 그분의 진정한 인성(人性)에 더 깊이 탄복하게 한다.

"주여, 보시옵소서. 사랑하시는 자가 병들었나이다." 오빠가 병들자 누이동생들이 보낸 이 전갈의 독특한 표현은 바로 이런 특별한 사랑을 바탕으로 이해할 수 있다. 이 말에 숨은 진짜 뜻이 보이는가? 나는 이 말에 요청 못지않게 불평이 배어 있음을 어렴풋이 느낄 수 있다. 이는 오래도록 풀리지 않는 의문을 미묘하게, 어쩌면 무의식적으로 표현한 것이라 할 수 있다. "주님, 우리는 주님이 그를 사랑하시는 줄 알았습니다. 그런데 어떻게 이런 일이 일어날 수 있습니까?" 일이 잘못될 때면 우리가 하나님께 던지는 기본적인 질문, '왜?'를 물은 것이다. 우리는 자신이나 사랑하는 사람이 병에 걸리거나 곤경에 처할 때마다 그렇게 말하거나, 아니면 적어도 그런 생각이라도 해 본 적이 있다. 15년쯤 전에 나도 아내 헬렌 때문에 그렇게 말한 적이 있다. "주님, 제 사랑하는 아내, 주님이 사랑하시는 그 사람이 암에 걸렸습니다."

우리는 고통스러운 심정으로 얼마나 자주 그렇게 말했던가! "주님, 우리가 사랑하는 그 부부가 이혼하려 합니다." 이 모든 질문으로 우리가 말하려는 바는, 사랑과 고난은 양립할 수 없는 모순처럼 보인다는 것이다. "주님, 주님께서 우리를 사랑하신다고 말씀하신 줄 알았는데 어떻게 이렇게 끔찍한 일이 우리한테 일어날 수 있습니까?" "주님이 우리에게 사랑을 보여 주시는 방법은 정말 괴상하기 짝이 없습니다." 이 모순이야말로 모든 치유 과정에 놓인 가장 기초적 장애물로, 우리 그리스도인들이 언젠가 한 번은 부딪힐 문제가 아닐까? 이는 우리가 의심 많고 믿음 없는 비정상적 사람이라는 말이 아니다. 우리가 정상적인, 질문할 줄 아는 인간이라는 뜻일 뿐이다. 우리는 상처를 받은(wounded) 적이 있기 때문에 의아해한다(wondering).

소크라테스는 모든 철학은 의문에서 시작하며 그것이 바로 인간을 다른 생물과 구별 짓는다고 말했다. 동물도 고통을 당하긴 하지만 고통에 대해 사유하는 것은 인간뿐이다. 우리는 고통을 느낄 뿐 아니라 의문을 가진다. 우리는 눈물을 쏟으며 답을 찾는다. 고난의 이유를 따지며 "왜?"라고 외친다. 나는 마리아와 마르다의 특별한 전갈이 바로 이것이었다고 믿는다.

아들을 떠나보내고

혹시 크게 당황하여 주님께 비슷한 전갈을 보낸 경험이 있는가? 오래전, 1948년 그날을 나는 생생히 기억한다. 모든 일이 순식간에 벌어져서 우리는 충격을 받았고 멍하니 정신을 잃었다. 생후 10개월인 우리의 건강한 첫아들 데이비드가 전격성 세균성 이질(fulminant bacillary dysentery)에 걸려 세상을 떠났다. '전격성'이 '벼락처럼 내리치다'라는 뜻임은 나중에 들었다. 그 말 그대로였다. 이튿날 아침, 우리는 붉은 땅을 파고 데이비드를 묻었다. 사랑하는 인도 친구들과 동료 선교사들 등 조문객들이 며칠간 끊이지를 않았다. 부모님과 형제들(다들 선교사였던)도 우리 곁에 있었다.

며칠이 지나자 이제 우리만 남았다. 밤이 찾아왔다. 세 살배기 딸아이는 어린 동생이 없어졌다며 보채고 뒤척이다 겨우 잠이 들었다. 고요하고 적막하기만 한 밤인데도 귀청이 터질 것만 같았다. 낡은 선교부 관사의 사방 벽과 6미터 높이 천장에 외로운 석유등 하나가 으스스한 그림자를 드리웠다. 아내는 피아노를 치고 있었다. 우리는 "성령이여 내 마음에 임하소서"라는 제일 좋아하는 찬송가를 함께 부르기 시작했다. 처음에는 괜찮았지만 4절 가사가 툭 튀어나와 우리 마음 깊은 곳을 물어뜯는 것 같았다.

주께서 항상 가까이 계심을 느끼게 하소서

나를 가르치사 영혼의 씨름을 감당케 하소서

솟구치는 회의와 반항하는 한숨을 잠재우며

응답 없는 기도에도 인내를 배우게 하소서[1]

갑자기 목이 메어 오고 눈물을 참기가 어려웠다. 지금껏 꾹꾹 눌러 왔던 달갑지 않고 원하지 않았던 생각들이 불현듯 고개를 쳐들었다. 마치 용암이 분출하는 것처럼 하나님을 향해 쓰디쓴 대사가 쏟아져 나왔다. "주님, 이해가 안 됩니다. 고국도 가족도 친구도 다 버리고 선교사가 되어 주님을 섬기고자 16,000킬로미터나 떨어진 이곳 인도까지 왔습니다. 우리는 주님을 사랑합니다. 주님이 우리를 사랑하시는 것도 믿습니다. 왜 이런 일이 일어나야 합니까? 어떻게 우리에게 이런 일이 일어나도록 내버려두실 수 있습니까? 왜? 왜?"

우리 두 사람은 이후의 시간들을 거치며 삶과 죽음, 사랑과 고난에 대해 하나님께 더 많은 것을 배워야 했다. 신학교에 다닐 때 철학과 신학의 관점에서는 이미 다 공부한 것들이었다. 우리는 그럴듯한 논리적 대답도 알았고, "선한 사람에게 나쁜 일이 일어나는" 이유와 관계된 성경 구절을 쭉 적어 외우기도 했었다.

그러나 실제 상황이 닥치자 우리 속에는 꼬일 대로 꼬인 고통스러운 감정이 복병처럼 도사리고 있었다. "마음에는 이성(reason)으로는 알 수 없는 그 나름의 이유(reasons)가 있다"[2]라고 한 파스칼의 말이 맞았다. 신앙심 깊은 영국인 선교사 친구가 이런 말을 한 적이 있다.

"이럴 때는 어떤 의미에서 차라리 우리가 무신론자였다면 더 쉬웠을 거야. 그렇지 않아?" 처음에는 충격이었지만 결국 그의 말이 맞음을 알았다.

어려움을 더 증폭시키는 것은 우리가 하나님을 인격적으로 알고 있으며, 그분이 존재하실 뿐 아니라 우리를 사랑하시는 분임을 안다는 사실이다. 물론 궁극적으로는 전능하신 하나님이 우리의 해답이 되리라 믿는다. 하지만 처음에는 하나님이 오히려 문제의 일부로 보인다. 이 모순은 이성적 차원을 넘어 관계적인 문제이기 때문에 발생한다. 이것은 이제 철학적 질문이 아니라 가족 간 다툼처럼 느껴진다.

"주여, 사랑하시는 자가 병들었나이다." 예수님께 보낸 두 자매의 전갈에 적힌 단어 하나하나에 얼마나 깊은 인격적 관계가 깔려 있는지 보라. 이 말을 들으면 아빌라의 테레사(Teresa of Avila)가 했던 기도가 생각난다. 어느 날 테레사는 선한 사람이 억울한 일을 당하는 듯 보이는 고난을 두고 하나님께 따지다가 이런 말씀을 들었다 한다. "나는 원래 내 친구들을 다 그런 식으로 대한다." 테레사는 이렇게 대답했다. "주님께 왜 친구가 적은지 이제야 알 것 같네요."

고난의 면제 대신 하나님의 임재

아내와 내가 맨 처음 배운 것은 부당한 고난의 신비에 대해 성경은 순수한 철학적 해답을 주지 않는다는 점이다. 그리스도인들은 지금 타락하여 악해진 불완전한 세상에 살고 있다는 사실을 늘 염두에 두어야 한다. 하나님이 우리를 사랑하시고 우리가 그분을 사랑한다 하여 우리가 우주의 애완동물인 것은 아니다. 하나님의 사랑은 재난과 상처와 고통에서 우리를 특별히 면제시켜 주지 않는다. 오래전 사도 바울은 이렇게 말했다. "피조물이 다 이제까지 함께 탄식하며 함께 고통을 겪고 있는 것을 우리가 아느니라"(롬 8:22). 자연까지도 우리의 타락에 영향을 받아 새 창조의 그날을 기다리며 '탄식'한다.

"나를 따라와라. 편안한 잠자리를 줄 것이다." "와서 내 제자가 되어라. 불의와 재난과 상처와 일절 접촉하는 일 없이 이 타락한 세상을 통과할 수 있는 특수 여권을 줄 것이다." 예수님은 결코 이렇게 말씀하시지 않았다. 예수님의 제자 중에 사도 요한을 제외하면 자연사한 사람이 없다. 사도 요한도 고독한 섬에서 유배당한 채 죽었다. 예수님은 우리에게 특별 면제를 약속하신 적이 없다. 다만 특별한 임재, 즉 당신의 임재를 약속하셨을 뿐이다. 그분은 결코 해답을 약속하지 않으셨다. 다만 해답을 주시는 분인 당신 자신을 약속하셨을 뿐이다.

우리의 문제는 사건 자체가 아니다. 문제의 근본은 하나님 그분과의 관계에 있다. "왜 이런 일이 일어났을까?" 어지러운 머리에서 나오는 이 질문 뒤에는 고통당하는 심령이 던지는 깊은 질문이 도사리고 있다. "왜 하나님은 이 일을 허용하셨을까?" "왜 하나님은 이 일을 막지 않으셨을까?"

사랑과 고난의 신비가 지닌 이러한 깊이 있는 측면은 나사로가 죽은 후 유대인 구경꾼들에 의해 제기된다. 그들은 예수님이 우시는 것을 보며 이렇게 떠들었다. "보라 그를 얼마나 사랑하셨는가 하며 그중 어떤 이는 말하되 맹인의 눈을 뜨게 한 이 사람이 그 사람은 죽지 않게 할 수 없었더냐 하더라"(요 11:36-37). 사랑한다면 막아 주었어야 하고, 그게 안 되면 적어도 개입이라도 했어야 한다는 말이다. 그렇게 능력이 많을 뿐 아니라 나사로를 끔찍이도 사랑했으니 그런 비극이 애당초 일어나지 않도록 막아서 사랑을 표현했어야 한다는 것이다.

이 글을 쓰면서 많은 얼굴이 떠오른다. 다들 배경이 다르고 영적 성숙도 다르지만 그들은 이런 문제를 겪으며 믿음으로 씨름한 이야기를 나에게 들려주었다.

- 어떤 인도인 부부가 있다. 전염병이 돌던 무렵, 이웃집 아이들은 다 멀쩡한데 왜 자기네 외아들만 죽어야 했는지 그들은 도무지 이해할 수 없었다.
- 끔찍한 교통사고로 아들을 잃고 깊은 혼란에 빠진, 믿음 좋은 미국인 아버지가 있다. 그는 신실하게 교회를 섬겼고, 자

기 일을 포기하면서까지 여러 차례 단기 선교를 다녀오기도 했다. 아들도 신실한 그리스도인으로 당시 우리 신학교에서 목회학을 전공하던 총명한 학생이었다. 그 아들이 인근 도시 선교회에 나가 자원 봉사를 하고 돌아오던 중, 정지 신호를 무시한 음주 운전자에게 변을 당했다. 음주 운전자는 가벼운 상처만 입었다.

- 에스토니아 사람도 있다. 그와 함께 기도하는데, 몸을 가눌 수 없을 정도로 어찌나 떨던지 꼭 인도에서 보았던 말라리아 환자 같았다. 그는 시베리아 집단 수용소에서 고문받던 때를 생각하면 하나님이 어떻게 그런 고난을 허용하실 수 있었는지 이해할 수 없다고 했다.
- 인도에 있을 때 우리 교회 교인이었던 젊은 부부를 심방한 일이 기억난다. 외모도 훌륭하고 교육도 많이 받은 부부였다. 그 아내가 병원 회복실에 있었다. 합병증은 없었지만 신앙은 심각한 위기를 맞았다. 아기를 사산했던 것이다. 그것도 두 번이나!
- 침대에 누운 채 요양원에서 살고 있는 많은 노인 성도들이 있다. 이분들은 예수님과 함께 있기를 간절히 원하며, 날마다 "놓아 달라"고 하나님께 간구한다. 그럼에도 왜 이렇게 목숨이 끈질기게 붙어 있는지 도무지 이해가 안 된다고 했다.
- 젊은 나이에 이혼한 영국 여성이 있다. 외도한 남편이 회심

하지 않고 결혼 생활도 깨어져 낙심해 있다. 의도는 좋았지만 지혜롭지는 못했던 그리스도인 친구들이 "네 믿음이 좋다면 남편도 예수님을 믿게 될 거야"라고 긍정적인 쪽으로만 단언했기 때문에 이 여성은 영적인 환멸감으로 더 괴로웠다.

- 삼촌한테 성폭행당한 이야기를 하는 내내 눈물을 참지 못하던 삼십 대 여성을 어떻게 잊을 수 있을까. "그때 저는 너무 어렸어요. 그런 일이 생길 때마다 하나님께 울부짖었지만 하나님은 삼촌을 막지 않으셨어요. 목사님은 하나님의 사랑을 자꾸 얘기하시지만 저는 믿을 수 없어요. 지금 하나님을 믿으라 하지만, 그때 하나님은 내 기도를 들어주지 않았는데 어떻게 그분을 믿을 수 있겠어요?"

이 모든 말은 한 가지 생각으로 수렴된다. 하나님이 우리를 사랑하신다면 재난과 사고와 비극을 당하지 않게 해 주셔야 한다는 것이다. 하나님이 우리를 사랑하신다면 그런 일들이 일어나지 않도록 간섭하시고 막아 주셔야 한다는 것이다. 그렇지 않다면 그것은 그분의 사랑이나 우리의 사랑에 문제가 있다는 신호다. 물론 정반대 간증을 들을 때도 있다. "저는 그리스도인이 된 뒤로 지금까지 어려움이라고는 하나도 없었습니다." 이런 논리도 예방적 보호가 하나님의 특별한 사랑과 은혜의 확실한 증표라는 가정에서 나온 것이다.

이러한 사고 체계에는 근본적인 오류가 있다. 나는 환멸에 빠진 그리스도인들이 비성경적 가정(假定)에 근거한 비현실적 기대 때문에 놓쳐 버린 믿음의 깨진 조각들을 다시 모아 믿음을 회복할 수 있도록 돕는 데 수많은 시간을 보냈다.

최근에는 문제가 더 커졌다. 광신적인 TV 전도자들이 내보내는 '축복의 복음' 약속들 때문이다. 하나님이 특정 상황에 개입하셔서 그분의 자녀들을 구하실 수도 있고 때로는 그렇게 하신다는 사실을 나도 안다. 만일 하나님이 그렇게 하실 수 없다면, 하나님은 자신이 만든 법칙에 갇힌 포로요 자신이 만든 방식의 피해자일 것이다. 어쨌든 바로 그 법칙들은 하나님이 지으신 세계의 일부이고 그분은 주권자이시다. 그런 법칙에 따라 우주를 주관하시는 것이 하나님의 정례적, 통상적인 방법이다. 하나님은 기분 내키는 대로가 아니라 질서를 따라 세상을 다스리기로 정하셨다.

하나님의 법칙은 믿을 만하다. 하나님 자신이 미쁘시기 때문이다. 그 믿을 만한 법칙 때문에 우리에게는 도덕적 선택의 자유가 있다. 성경에 분명히 기록된 대로, 하나님은 정말 우리 일에 개입하실 수 있고 그런 개입을 우리는 당연히 '기적'이라 부른다. 그러나 비극적인 일을 당할 때 하나님의 개입 여부에 따라 하나님 사랑의 정도나 우리 믿음의 크기를 판단할 수 있다고 말하면 문제가 생긴다.

고난의 문제에 대한 더 나은 해답

사랑과 고난의 신비는 면제나 방지나 개입에 있지 않고 전혀 다른 방향에 있다. 예수님이 사람들에게 그리고 어쩌면 하나님께도 완전히 버림받은 모습으로 십자가에 달려 극한 고통 중에 계실 때, 종교 지도자들은 그분을 조롱했다. "그가 하나님을 신뢰하니 하나님이 원하시면(if) 이제 그를 구원하실지라 그의 말이 나는 하나님의 아들이라 하였도다 하며"(마 27:43). 여기 또 하나의 크나큰 '만약'이 있다. 만약 하나님이 개입해서서 구해 '주신다면' 예수님을 사랑하신다는 증거가 될 것이요, 예수님이 하나님의 기뻐하시는 자라는 증거가 될 것이다. 그렇지 않다면 정반대 증거가 될 것이다.

여기서 똑같은 사고 오류가 주님께 적용되는 것을 볼 수 있다. 우리는 하나님이 예수님을 구해 주시지 않았음을 안다. 하나님은 그보다 훨씬 더 위대한 일을 행하셨다. 마찬가지로 우리 또한 삶의 문제에 대한 그분의 해답을 더 나은 방식으로 발견하게 될 것이다.

누군가를 두고 그가 맹인으로 태어나게 된 이유가 무엇인지 사람들이 묻자 예수님은 이렇게 답하셨다. "그에게서 하나님이 하시는 일을 나타내고자 하심이라"(요 9:3). 이는 나사로의 질병과 죽음에 대해 들려주신 답과 본질적으로 똑같다. "하나님의 영광을 위함이요"(요 11:4). 이 말씀을 우리의 고통과 슬픔을 외면하는 지나친 단순 논리라고 오해하면 안 된다.

기독교는 감정을 부인하고 부정적 표현을 억압하는 세련된 금욕주의가 아니다. 우리는 어떤 상황을 만나든 굳은 미소와 함께 "할렐루야"를 자동으로 외치는 기계 같은 인간으로 부름받지 않았다. 나사로가 죽었을 당시 예수님이 보이신 행동은 그런 생각을 완전히 깨뜨리셨다. 깊은 슬픔에 빠진 예수님은 친구의 무덤 앞에서 공개적으로 눈물을 흘리셨다.

우리가 아는 사실은 두 가지다. 첫째, 십자가는 예수님이 자신을 세상 모든 피해자들과 궁극적으로 동일시하신 것이다. 둘째, 예수님의 부활은 피해자들을 승리자로 만들 수 있는 궁극적인 능력이다. 그렇다면 우리는 고난의 신비에 대한 기독교의 대답을 그 누구도 단순 논리로 격하시키도록 내버려두면 안 된다. 실제로 그 대답은 매우 심오하고 큰 대가를 지불한 것이다.

더 큰 신비

나사로가 병들었다는 소식을 들으신 후 예수님이 보여 주신 반응은 신비를 한층 증폭시켰다. "예수께서 본래 마르다와 그 동생과 나사로를 사랑하시더니"(요 11:5). 요한은 이 말에 뒤이어 다음과 같이 덧붙인다. "나사로가 병들었다 함을 들으시고 그 계시던 곳에 이틀을 더 유하시고"(6절). 참으로 이상한 일 아닌가. 긴급 구조 신호에 만

사 제쳐 놓고 즉각 대응하셔서 베다니로 떠나기는커녕 오히려 이틀이나 시간을 끌고 계셨다.

하나님이 우리에게 관심 없는 듯 보일 때가 있다. 한 걸음 더 나아가 하나님도 자신이 무슨 일을 하고 있는지 모르시는 듯 보일 때가 있다. 여러분도 그런 경험이 있었는지 모르겠다. 예수님이 이틀 동안 의도적으로 지체하신 것은 겉보기에는 전혀 말이 안 된다. 그러나 조금 더 자세히 살펴보면 자신이 무슨 일을 하고 있는지 예수께서 정확히 알고 계셨음을 알 수 있다.

생각해 보라. 지금 예수님이 계신 곳에서 베다니까지는 하룻길 거리였다. 그러므로 심부름꾼이 여기까지 오는 데 하루가 걸렸다. 그 상황에서 예수님은 이틀을 더 머무셨다. 거기다 예수님과 제자들이 그리로 가는 데 다시 하루가 걸리면 총 나흘이다. "예수께서 와서 보시니 나사로가 무덤에 있은 지 이미 나흘이라"(요 11:17). 애초부터 예수님은 심부름꾼도 모르고 제자들도 몰랐던 뭔가를 알고 계셨다. 심부름꾼의 전갈이 도착했을 때 나사로가 이미 죽었다는 사실 말이다(14절).

예수님은 자신이 무슨 일을 하고 계시며 왜 그 일을 하시는지 정확히 아셨다. 그렇기에 그분은 이 모든 사건을 통해 하나님께서 훨씬 큰 영광을 받으시도록 한 것이다. 핸들리 몰 주교는 이렇게 말했다. "하나님이 지선(至善)의 상태를 이루어 내실 수 없을 만큼 심한 혼란은 세상에 존재하지 않는다. 하나님은 맨 처음 만물을 창조하실 때도 그 일을 하셨다. 십자가에서도 그 일을 하셨다. 오늘도 그 일을 하고 계신다."[3]

인디애나폴리스에서 열렸던 1994년 게이더(Gaither) 찬양 모임에 우리가 참석할 수 있었던 것은 특권이었다. 훌륭한 강사들과 음악인들에게서 우리는 큰 감동을 받았다. 특별히 두 사람이 깊은 감동을 주었는데, 신체 장애와 언어 장애가 있는 사람들이었다.

기아나 제슨(Gianna Jessen)이라는 십 대 소녀는 낙태 시술소의 실수로 세상에 태어났다. 낙태된 아기가 아직도 살아 있는 것을 담당 간호사가 발견하여 즉시 병원으로 데려간 것이다. 아기는 몸무게가 900그램밖에 안 됐지만 극적으로 살아나 몇 달을 그 병원에서 보냈다. 입양 이후에는 곧 뇌성마비 진단을 받았다. 아기는 기어 다니지도, 몸을 세우고 앉지도 못했다. 그런데 그 아기가 지금은 발랄한 소녀가 되어 전국을 순회하며 노래와 간증으로 믿음을 심어 주고 있다. 소녀는 하루하루 인생을 기쁘게 살아갈 이유를 이렇게 말했다. "하나님은 저를 위한 다른 계획이 있었어요. 하나님의 은혜, 간절한 기도, 끊임없는 사랑, 저를 입양한 엄마의 헌신을 통해 의사들의 말이 틀렸다는 것이 입증된 거예요." 그녀는 지금 소프트볼도 하고, 하이킹도 즐기고, 샌디에이고에 있는 기독 청소년 극단에서도 활동한다. 낙태 법안 반대 사역에도 열심이다.

데이비드 링(David Ring)은 뇌성마비 환자였다. 그러나 중증 장애에도 불구하고 지금은 남편이자 아버지가 되었을 뿐 아니라 전도 집회가 열리는 곳이면 어디든지 찾아가는 유명한 전도자가 되었다. 간증을 마친 후 그는 〈예수 안의 승리〉라는 아주 오래된 복음성가를 부르기 시작했다. 그의 요청에 따라 1만 2천 명이나 되는 사람들이 그 노래를 따라 불렀다. 우리 모임에서 가장 감동적인 장면이었다.

기아나와 데이비드는 많은 사람들을 그리스도께로 인도하는 일에 쓰임받고 있다. 이들은 문자 그대로 피해자다. 한 사람은 타인의 악한 선택으로 피해자가 되었고, 다른 한 사람은 출산 중에 발생한 사고의 피해자였다. 평생 '만약 …만 했더라면'을 되뇌며 책임 전가를 일삼을 권리가 있다면 이 두 사람이 그 권리를 갖는 것은 당연하다. 그러나 이들은 그렇게 하지 않았다.

오히려 이들은 "네가 믿으면"이라는 예수님의 도전을 받아들였다. 그 결과 본인들만이 아니라 우리까지 이렇게 그들의 환한 얼굴과 기쁨을 통해 '하나님의 영광'을 보게 되었다. 이들의 승리의 간증을 듣던 나는 주님께서 바울에게 들려주신 말씀이 생각났다. "내 은혜가 네게 족하도다 이는 내 능력이 약한 데서 온전하여짐이라." 이어 바울은 충만한 기쁨으로 말한다. "그러므로 도리어 크게 기뻐함으로 나의 여러 약한 것들에 대하여 자랑하리니 이는 그리스도의 능력이 내게 머물게 하려 함이라"(고후 12:9).

스탠리 존스는 악과 고난의 문제와 그리스도인의 해답에 대해 다음과 같이 말하곤 했다. "하나님은 우리가 해답만 찾기를 원하시지 않는다. 하나님은 우리 자신이 해답이 되기를 원하신다!"

예수님이 마르다와 마리아에게 원하신 것도 바로 이것이다. 해답에 적극 참여하여 그들 자신이 해답이 되기를 원하셨던 것이다. 그들이 믿으면 그렇게 된다는 것을 예수님은 알고 계셨다. 물론 책임 전가를 멈추고 믿음으로 향하는 영적 여정에 예수님의 인도는 반드시 필요하다.

우리도 '만약 …만 했더라면'을 부르짖는 자들이다. 예수님은 그런 우리에게도 똑같은 일을 해 주기 원하신다. 살아 계신 말씀이자 부활하신 그리스도께서 친히 각 사람을 이끄셔서 한 걸음 한 걸음 그 여정을 인도해 주시기를 나는 기도한다. 우리를 주님께 맡긴다면 레슬리 웨더헤드(Leslie Watherhead)의 예리한 표현처럼 될 것이다.

우리의 여정은 끝나지 않을지라도
우리의 방황은 끝날 것이다.[4]

“

주께서 여기 계셨더라면
내 오라버니가 죽지 아니하였겠나이다

(요 11:21, 32)

3.
중요한 건 '지금 여기'

이제
과거에서 나와
현재를 살라

〈퍼레이드〉(*Parade*) 서평에 *Brando: Songs My Mother Taught Me*(브란도: 어머니가 가르쳐 주신 노래)가 소개된 적이 있다. 오스카상을 받은 배우 말론 브란도가 '비참한 가정 형편이 자기 인생에 미친 영향'을 기록한 책이다. 그는 아버지를 성생활이 문란한 출장 판매원으로, "나를 정신적으로 고문하고 어머니의 인생을 비참하게 만든 알코올 중독자"로 표현했다. 그의 표현대로라면, 그의 어머니 또한 "내가 사랑했으나 그런 나를 무시한 알코올 중독자"였다. 브란도는 애정 생활에 대해서는 이렇게 썼다. "나는 항상 여자 복이 있었다. 지금까지 살면서 내게는 여자들이 수없이 많았다. 하지만 누구와도 몇 분 이상 함께한 적은 거의 없다. 너무 많은 애정 관계에 얽혀, 나 스스로 정신이 바로 박힌 인간으로 생각되지 않을 정도였다." 브란도는 친누나들과 가까웠다. "우리 집은 용광로였고 우리는 다 그 속에서 자라며 화상을 입었다."

이 기사는 이른바 '정신 분석적 전기', 즉 유명 인사의 결함과 약점을 정신분석학적 관점에서 파헤친 기록의 전형이다. 이것은 또한 과거 시제 관점의 완벽한 예이기도 하다. 이제 일흔이 된 말론 브란도의 사진과 함께 기사는 그의 말로 끝맺는다. "만약 다른 방식으로 사랑받고 보호받았다면, 나는 다른 사람이 되었을 것이다."[1]

'만약 …만 했더라면'에 뒤따르는 심각한 문제는 과거 시제 속에, 즉 이미 일어났기 때문에 더 이상 돌이킬 수 없는 행동과 사건 속에 살게 만든다는 것이다. "그때 그 일만 없었더라면(혹은 있었더라면) 상황은 달라졌을 것이다." 우리는 걸핏하면 이렇게 말한다. 심지어 자기 말을 강조하기 위해 한숨지으며 위티어의 시를 인용하기도 한다.

필설로 가능한 모든 슬픈 말 가운데
제일 슬픈 말 "잘될 수도 있었는데"

'만약 …만 했더라면'은 더 이상 돌이킬 수 없는 과거에 우리의 시선을 고정시킨다. 그렇기 때문에 그 말은 약할 뿐 아니라 무가치하다. 그렇지 않아도 나쁜 상황을 더 악화시키는 것 외에는 아무것도 하지 않는다. 사람들이 악습의 사슬을 끊도록 돕지 않는다. 닫힌 듯 보이는 문을 다시 열라고 설득하지도 않는다. 잃어버린 날을 되돌려 주지도 않는다. 흩어진 꿈을 회복시키기는커녕 오히려 더 산산조각 낼 뿐이다. 변화를 말하는 책을 덮어 버리고, 희망이라는 상자에 뚜껑을 덮고 못질을 해 버린다.

'만약 …만 했더라면'은 돌이킬 수 없는 지나간 사건에 집착하게 하여 에너지를 소모시킨다. 현재의 실상과 미래의 희망을 바라볼 힘을 앗아 간다. 과거의 사건이 바뀔 수는 없어도 그 사건을 보는 눈은 바뀔 수 있다는 사실을 생각하지 못하게 만든다. 과거는 얼마든지 재구성이 가능하다. 우리는 과거를 새로운 안경을 끼고 바라볼 수 있고, 새로운 시각으로 이해할 수 있다. '만약 …만 했더라면'은 인생을 영원히 고정시켜 버리는 과거 시제의 시각이다. 브란도가 사용한 완료 시제는 이 절망 상태를 극명하게 보여 준다. "그때 어떠어떠하기만 했다면, 지금은 이러이러할 텐데." 그가 말하려는 뜻은 분명하다. "이건 내 잘못이 아니야. 달라지기에는 너무 늦었어."

무력한 과거 시제에서 벗어나기

마르다와 마리아가 예수님께 드린 말씀도 이와 비슷하다. "주님께서 그때 여기 계시기만 했더라면 아무 문제 없었을 거예요. 하지만 이젠 너무 늦었어요." 예수님은 어떻게든 이들이 가진 시각의 시제를 바꾸어 주셔야만 했다. 시제가 바뀌어야 마음도 바뀔 수 있음을 아셨다. 여기서 '만약 …만 했더라면'의 크나큰 실수는 살아 계신 그리스도의 현재 능력을 배제시켰다는 점이다.

예수님은 이들의 무력한 과거 시제 '만약 …만 했더라면'을 강력한 현재 시제 '네가 믿으면'으로 바꾸기 시작하셨다. 예수님이 하시려는 일을 알아차린 마르다는 고심하기 시작했다. 얼마나 아름다운 모습인가! 앞 장에서 이미 말했듯, 마르다를 깎아내리는 말이라면 이제 진력이 난다. 마르다는 당시 종교와 문화의 구습을 과감히 깨뜨린 사람이다. 우리는 마르다의 이런 점을 얼마나 알고 있는가? 그녀는 마리아처럼 집에서 예수님을 기다린 것이 아니라 그분을 맞이하기 위해 길로 뛰쳐나왔다. 마르다는 절망도 적극적으로 표현했지만 과감히 믿음의 발걸음을 내딛는 일에도 똑같이 최선을 다했다. "그러나 나는 이제라도 주께서 무엇이든지 하나님께 구하시는 것을 하나님이 주실 줄을 아나이다"(요 11:22). "이제라도"는 과거의 감옥을 벗어나 현재의 자유로 나아가려고 마르다가 내적으로 고민하고 있다는 작은 신호다.

그러나 마르다는 단번에 거기까지 이르지는 못한다. 뒤이어 무슨 일이 벌어지는지 보라. "네 오라비가 다시 살아나리라"(23절). 예수께서 이렇게 확신을 주시자, 마르다는 '만약 …만 했더라면'을 되뇌며 사는 우리와 똑같은 반응을 보인다. 암울한 과거 시제인 '만약 …만 했더라면'에서 먼 미래 시제인 '만약'으로 바꿔서 "마지막 날 부활 때에는 다시 살아날 줄을 내가 아나이다"(24절) 하고 말한다. 달리 표현하자면 "물론이죠, 주님. 만약 장차 다가올 위대한 부활의 날이 있기만 하다면(if only) 오빠가 다시 살아날 줄 저도 압니다"라는 말과 같다.

현재를 잃어버린 사람들

나는 현재를 놓치고 있는 사역자와 동역한 적이 있었다. 그는 입만 열면 왕년의 눈부신 시절 얘기를 꺼냈다. '만약 …만 했더라면'은 그에게는 모두 "그때가 좋았지" 하는 식이었다. 그러나 그때 그 시간을 그와 함께 보낸 우리는 그가 세상 일이 잘 풀리지 않는다며 끊임없이 불평하고 투덜대던 소리를 들었다. 그는 세월이 흘러 모두 과거지사가 된 후에야 '만약 …만 했더라면' 운운하며 과거를 미화하곤 했다. 어떤 때는 방향을 바꾸어 '만약 이것만 잘되면' 미래에 '황금기'가 올 거라며 꿈에 부풀기도 했다. 그러나 정작 그 미래가 다가와 현재가 되면 전과 다를 바가 없었다. 또다시 '만약 그것만 잘되면'을 되뇌며 왕년의 눈부신 시절로 돌아갈 뿐이다. 문제는 아주 단순했다. 이 사람은 과거와 미래에 살고 있었다. 그의 과거는 부정확한 기억으로 가득했고, 그의 미래는 비현실적인 상상으로 가득했다. 그는 결코 현재에 살지 않았다. 기쁨이나 슬픔의 가능성과 현실성을 둘 다 경험하며 실제로 현재 속에 살지 못했던 것이다.

C. S. 루이스의 《스크루테이프의 편지》는 지옥의 노련한 고참 악마 스크루테이프의 가상 편지 모음집이다. 그의 조카인 어린 악마 웜우드는 이제 막 그리스도인이 된 사람을 유혹하는 일로 세상에서 사역을 시작했다. 이 조카에게 주는 삼촌의 충고가 책의 내용이다. 그중에는 지금 우리 이야기와 잘 들어맞는 부분도 많다.

> 인간은 제한된 시간 속에 살아가고 있다. 그런데 우리의 원수(하나님)가 인간을 위해 영원을 예비해 두었다. 내가 보기에 그가 인간들로 하여금 관심 갖게 하려는 것은 크게 두 가지다. 하나는 영원 자체이고, 다른 하나는 인간들이 현재라고 부르는 그 시점이다. 시간이 영원과 맞닿는 부분이 바로 현재이기 때문이다. … 우리 임무는 어떻게든 인간을 영원과 현재로부터 떼어놓는 것이다. 그런 의미에서 우리는 경우에 따라 인간을 … 과거 속에 살도록 유혹한다고 할 수 있다. … 하지만 이것도 한계가 있다 … 그보다는 인간을 미래 속에 살도록 만드는 편이 훨씬 낫다.… 미래란 미지의 시간이다. 미래에 대해 생각하게 만든다는 것은 결국 현실성이 없는 것에 대해 생각하

게 만드는 것이다. 한마디로 미래란 이 세상에서 영원과 가장 거리가 먼 것이다.[2]

미래 속에서 살아갈 때 흔히 취하는 태도가 있다. 즉 지금 할 일을 미래로 미루어 놓는다거나, 사실 그 일에 관해 생각만 하고 말만 했을 뿐인데 그저 관심을 조금 기울였다는 이유만으로 그 일을 성취했다고 착각하는 것이다. 스크루테이프는 이 점에 대해서도 교활한 충고를 잊지 않는다.

제일 중요한 일은 어떻게든 인간의 행동을 막는 것이다. 행동으로 옮기지 않는 한, 생각을 아무리 많이 해도 그것은 별로 중요하지 않다. 저 귀여운 짐승들이 얼마든지 생각 속에서 뒹굴도록 놔두어라. 관심이 있다면 책을 쓰게 해도 좋다. … 다른 것은 무엇이든 해도 좋지만 행동만은 안 된다. 의지의 결단만 막을 수 있다면, 아무리 경건한 묵상도, 사랑도 우리에게는 조금도 해(害)가 되지 않는다. … 행동 없는 감정이 많을수록 그만큼 행동력은 더 떨어지게 되고 그것이 장기화되면 아예 감정을 느끼는 힘마저 약해질 것이다.[3]

나는 스크루테이프의 치명적 유혹에 무릎 꿇고 만 듯한 내담자들을 많이 보았다. "인생이 완전히 달라졌을지도 모르고, 그렇게만 됐다면 이런 문제들도 없었을 거야." "과거에 이러이러한 일들만 없었다면⋯." "미래에는 언젠가 상황이 달라질 거야." '만약 ⋯만 했더라면'과 '언젠가는', 이 두 마디는 이들이 제일 좋아하는 말이다. "언젠가는 그럴 계획이야." "언젠가는 그럴 생각이야." "나도 용서해야 한다는 것을 아니까 언젠가는 그렇게 할 거야." "언젠가는 끊을(혹은 시작할) 거야."

나는 알코올 중독자가 이와 비슷한 미래형 가정 문구들을 수없이 사용하는 것을 들어 왔다. 아마 당신도 어느 알코올 중독자가 술을 끊고 나서 쓴 베스트셀러 *I'll Quit Tomorrow!*(내일부터 끊을 거야!)를 알 것이다. "이렇게 할지, 저렇게 할지, 지금 생각 중입니다." 상황이 아주 심각해 보이는데도 이렇게 말만 하면서 앉아 있는 사람들이 있다. 그런 말을 들을 때면 나는 상대방이 행동하도록 충격을 주려고 이런 질문을 던질 때가 있다. "도대체 언제까지 그렇게 생각만 할 셈입니까?"

나는 '만약 ⋯하기만 한다면'에 매달려 미래 속에 사는 태도의 심각한 결과를 내담자들에게 일깨워 준다. 짐 픽스는 체력과 건강을 유지하는 가장 간단한 방법으로 조깅을 대중화하는 일에 크게 공헌한 사람이다. 그는 자신의 말을 몸소 실천했고, 날마다 평균 16킬로미터씩 조깅을 했다. 그가 심장마비로 갑작스럽게 죽었을 때 온 세상이 믿을 수 없다며 놀란 것도 당연하다. 그의 전처가 기자들에게 한 말에 따르면, 픽스는 병원에 가서 검진을 받겠다고 얘기하기도 했고 그럴 의향도 있었지만 실제로 검진을 받은 적은 한 번도 없었다.

영원한 현재이신 예수님

과거의 '만약 …만 했더라면'이 미래의 '만약 …한다면'으로 바뀐 마르다는 예수님의 말씀이 과연 무슨 의미인지 속으로 고심했던 것 같다. 바로 그때 예수님은 성경에서 많이 인용되는 귀한 진리 하나를 말씀해 주셨다. "나는(I AM) 부활이요 생명이니 나를 믿는 자는 죽어도 살겠고"(25절). 예수님이 이 말씀을 마리아가 아니라 마르다에게 하셨다는 것이 얼마나 놀라운가! 그렇다. 예수님이 놀라운 말씀으로 보상해 주신 사람은 때로 당돌하고 경솔했으나 언제나 정직했고 마음이 열려 있던 '고지식한 일꾼' 마르다였다.

이것은 주님께서 마르다에게 주신 대답이자, 걸핏하면 현재를 잃어버리는 모든 '만약 …만 했더라면' 신봉자들의 비극적 성향에 주시는 대답이다. 예수님은 위대한 '현재'(I AM)이시다. 요한복음에서 요한은 여섯 번이나 더 이 문구를 사용하여 예수님을 묘사한다. 하나하나가 예수님의 특정 측면을 강조하지만 결국 그분은 언제나 현재형(I AM)으로 계시는 우리의 영원한 현재(Eternal Contemporary)이시다.

나는(I AM) 생명의 떡이다(6:35).

나는(I AM) 세상의 빛이다(8:12).

나는(I AM) 선한 목자다(10:11).

나는(I AM) 문이다(10:9).

나는(I AM) 길이요 진리요 생명이다(14:6).

나는(I AM) 참포도나무다(15:1).

예수님은 놀라서 말을 잃은 무리에게 이렇게 말씀하시기도 했다. "아브라함이 나기 전부터 내가 있느니라(I AM)"(요 8:58). 성경 전체를 통틀어 하나님은 언제나 현재 시제를 사용하여 현존하시는 분(Present One)으로서 우리에게 찾아오신다. 모세가 하나님을 깊이 체험하던 그날, 그의 시선은 불붙은 떨기나무가 "사라지지 않고 있다는" 사실에 고정되었다. 그것은 현재 시제로 계속해서 타고 있었다. 바로에게 가서 그의 종노릇하는 이스라엘 백성을 구하라고 하나님이 이르시자 모세는 누구의 보냄을 받았다고 말해야 할지 하나님께 물었다. "하나님이 모세에게 이르시되 나는 스스로 있는 자이니라(I AM who I AM) 또 이르시되 너는 이스라엘 자손에게 이같이 이르기를 스스로 있는 자(I AM)가 나를 너희에게 보내셨다 하라"(출 3:14). 바로 이 때문에 성경은 '시간' 면에서 '지금'이라는 단어를 가장 좋아한다. "보라 지금은 은혜 받을 만한 때요 보라 지금은 구원의 날이로다"(고후 6:2). 예수님은 살아 계셔서 역사하시는 현재(I AM)이시며, 구속하시고 치유하시고 새 생명으로 회복하시되 바로 '지금' 시작하신다.

마르다와 마리아가 '만약 …만 했더라면'을 버릴 수 있도록 예수님은 이들이 '너무 늦었어'라는 과거의 굴레와 '아마도 언젠가는'이라는 미래의 굴레에서 벗어나게 하셔야 했다. 그분은 이들의 시선이 영원한 현재이신 그분께 고정되기 원하셨다. 그래서 예수님은 "나는 (I AM) 부활이요 생명이라"고 말씀하시고 마르다에게 이렇게 물으셨다. "이것을 네가 믿느냐?" 이제 마르다는 나사로가 당장 부활할 가능성을 놓고 고심에 빠진다. 마르다는 너무나 정직한 여자였고 있지도 않은 믿음을 있다고 고백할 사람이 아니었다. 그러나 자기에게 있는 믿음, 곧 그리스도의 인격에 대한 온전한 믿음을 고백했다. "주여 그러하외다 주는 그리스도시요 세상에 오시는 하나님의 아들이신 줄 내가 믿나이다." 마르다는 더 이상 과거의 '만약 …만 했더라면'과 미래의 '만약 …한다면'을 기웃거리지 않는다. 이제 그는 그리스도의 놀라운 현존을 응시한다. 바로 여기서 완전히 새로운 차원의 믿음이 나오고 있다. 곧이어 마리아도 같은 믿음을 갖게 되고, 결국 두 사람은 함께 '하나님의 영광'을 볼 준비를 갖춘다.

그렇다면 예수님은 도대체 어떻게 이들이 현재 시제의 시각을 갖게 하셨을까? 누가복음 24장 13-35절에 기록된 비슷한 상황에서 예수님이 하신 일을 보면 도움이 될 것이다. 예수님이 십자가에 달려 돌아가신 지 이틀 후, 제자 두 명이 예루살렘에서 엠마오 마을로 가는 장면이다. 깊은 슬픔에 잠긴 이들은 예수님이 재판받으시고 죽임 당하여 무덤에 묻히신 비통한 사건에 대해 이야기를 나누고 있었다. 예수님이 동행하셨으나 그들은 예수님을 알아보지 못했다. 이들은 이 동행인이 그 사건을 모르고 있다는 사실에 깜짝 놀랐고, 동행인의 질문에 다시 한 번 사건의 전말을 상세하게 들려준다. 그다음 말을 들어 보면 그들의 슬픔과 환멸이 얼마나 깊은지 잘 알 수 있다. "우리는 이 사람이 이스라엘을 속량할 자라고 바랐노라(had hoped)"(21절). 여기서 과거완료 시제가 다시 등장한다. 모든 '만약 …만 했더라면' 가운데 이보다 더 절망적인 것은 없다.

    예수님은 말씀과 행동을 통해 이들을 과거에서 끌어내어 현재로 불러들이셨다. 우선 예수님은 그분의 말씀으로 가르치셨다. 이들이 들려준 모든 이야기를 구약성경과 연결해서 완전히 새로운 방식으로 재해석하신 것이다. 그분은 말씀으로 과거의 사건을 재구성하여 새로운 의미를 부여하셨다. 이어 그분의 행동이 뒤따른다. 저녁 식탁에서 떡을 떼어 주시는 예수님의 단순한 행위에서 두 제자는 눈이 밝아져 그분이 정말 누구신지를 알아보았다. 이미 엠마오까지 12킬로미터나 걸어온 데다 벌써 날이 어두워졌는데도 이들은 주저하지 않고 "곧 그 때로 일어나 예루살렘에 돌아"갔다. 자기들이 보고 들은 바를 다른 제자들에게 말해 주기 위해서였다. 예수님의 현존으로 '[그들] 속에서 마음이 뜨거워지자' 얼어붙은 과거의 '만약 …만 했더라면'은 스르르 녹아 가슴 벅찬 기쁨의 현재 속으로 흘러들었다.

    예수님은 마르다와 마리아도 똑같은 방식으로 과거에서 현재로 이끌어 내셨다. 오스왈드 챔버스는 이렇게 말한다. "믿음의 뿌리는 인격(Person)이신 하나님을 아는 데 있다."[4] 우리는 말과 행동을 보고 상대를 알게 된다. 예수님은 이들에게 이미 놀라운 말씀을 들려주셨다. 당신이 위대한 현재(I AM)이심을 다시 한 번 말씀해 주신 것이다. 그렇다면 이제 남은 것은 이 말씀이 그분의 행동을 통해 '육신이 되는' 일뿐이다.

물론 우리는 예수님이 놀라운 이적을 통해 자신의 신성을 드러내는 일부터 시작하시리라 기대할 수도 있다. 예컨대 변화산에서 그러셨던 것처럼 해같이 빛나는 모습으로 나타나실 수도 있었다. 그러면 이들도 '그 영광'을 보고, 믿지 않으려야 믿지 않을 수가 없을 것이다. 그러나 예수님의 방법은 정반대였다. 그분은 우리 모두가 가장 약한 바로 그 지점에서 당신의 충만한 인성을 보여 주시는 것으로 시작하셨다.

고통을 느끼시는 하나님

요한복음의 초기 주요 독자는 '아파테이아'(apatheia) 즉 감정을 느끼는 능력이 전혀 없음이 신(God)의 주요 특성이라고 알던 헬라인들이었다. 이들에게 신이란 세상과 단절되어 아무런 감정도 애정도 없는 우주의 '부동의 동자'(the Unmoved Mover: 자신은 움직이지 않으면서 다른 모든 것을 움직이게 하는 궁극적 존재 — 옮긴이)일 뿐이다. 신학자들은 예나 지금이나 끊임없이 이런 문제로 논쟁을 벌이고 있다. 일부 신학자들의 주장에 따르면 신은 불변자이며, 따라서 우리의 고통을 느낄 수 없다. 완전자이기 때문에 감정의 변화도 있을 수 없다.

폴 브랜드와 필립 얀시는 《그분의 형상을 따라》라는 놀라운 책에서 이 문제를 완전히 다른 시각에서 조명하여 유익을 준다. 이들에 따르면, 위와 같은 관점은 철저히 희랍 철학에 바탕을 둔 서구 문명의 소산이다. 히브리인들의 관점은 완전히 다르다. 두 저자는 하나님이 불변하시면서도 감정적인 존재라는 명제가 양립 가능하다는 것을 보이기 위해 고통과 관련된 인간 뇌의 놀라운 역설을 예로 든다. 뇌에는 고통을 감지하는 말단 신경 세포가 없다. 따라서 뇌 자체는 고통을 느낄 수 없다. 뇌 전문의의 손이 일단 두개골 내부로 들어가면 무엇이든 원하는 대로 다 잘라 낼 수 있다. 그래도 전혀 고통이 없다. 반면 전신의 고통 중추가 뇌 안에 있다. 새끼손가락에서 엄지발가락까지, 모든 내장 기관에서 모든 표피까지, 체내 어느 부위에서 비롯되든 육체의 모든 고통은 다 뇌를 통과한다. 그러한 경로를 통해 우리는 고통을 느낀다. 마취를 해도 말단 신경 세포가 고통을 느끼는 것을 막지는 못한다. 다만 뇌가 고통을 감지하는 것을 막기 때문에 고통을 느끼지 못하는 것이다.

하나님과 인간의 고통도 이와 비슷할 수 있다고 이들은 말한다. 그리스도는 '몸의 머리'이시다. 그렇다면 어떤 의미에서 "그분은 전혀 고통을 느끼지 못하신다"는 말이 가능하다. 그러나 그와는 다른 의미에서 "그분은 모든 고통을 다 느끼신다"는 말 또한 가능하다. 모든 고통이 다 그분을 통과하기 때문이다. 그렇다면 우리는 진정으로 이렇게 말할 수 있다. "예수님은 당신의 고통과 내 고통을 포함하여 세상의 모든 고통을 다 느끼신다." 브랜드와 얀시에 따르면, 모순처럼 보이는 두 진리는 이렇게 양립 가능하다.[5]

신이 감정을 보인다는 말은 요한복음을 읽는 헬라인 독자의 입장에서는 신의 전능성을 부인하는 것이자 신성 특유의 자격을 상실한 것이다. 그러나 요한은 전혀 구애받지 않으며, 생생한 색감과 입체 음향으로 하나님의 전혀 다른 모습을 보여 준다. "예수께서 눈물을 흘리시더라." 이 요한복음 11장 35절은 성경 전체에서 가장 짧은 구절이다. 주일학교 시절 내가 좋아하던 구절이기도 하다. 요절 암송 스티커를 하나 더 붙이고 싶을 때 언제든 써먹을 수 있는 구절이기 때문이다. 너무 자주 써먹었더니 선생님이 그 구절은 더 이상 안 된다고 제지했을 정도다. 나는 이 짧은 구절의 의미가 얼마나 깊은지, 그 몇 단어에 얼마나 중대하고 엄청난 신학적 진리가 담겼는지 꿈에도 몰랐다. 엄청 큰 문이 이 짤막한 구절을 경첩으로 삼아 열린다는 사실을 아는 데 평생이 걸렸다. 이 구절은 우리를 하나님의 심장으로 안내하는 문이 되고, 우주 뒤편에는 친히 고난당하심으로 우리를 돌보고 사랑하신 마음이 있음을 증언한다.

"예수께서 그가 우는 것과 또 함께 온 유대인들이 우는 것을 보시고 심령에 비통히 여기시고 불쌍히 여기사 … 이에 예수께서 다시 속으로 비통히 여기시며 무덤에 가시니"(11:33, 38). 여기서 밑줄 친 구절을 킹제임스 역에는 "친히 탄식하시며"로, 필립스 역에는 "몹시 안타까워 눈에 띄게 슬퍼하시며"로 번역했다. 그렇다. 예수님은 우셨다. 사람들이 다 보는 데서 우셨다. 큰 소리로 우셨다. 감정을 숨기지 않고 우셨다. 사람들을 전혀 의식하지 않고 우셨다. 너무나 안타까운 마음으로 우셨다. 정말 슬퍼하시며 우셨다. 주변 사람들이 "보라 그를 어떻게 사랑하였는가"(11:36)라고 말했을 정도이다.

'몹시 안타까워', '탄식하시며' 등으로 번역된 단어 '엠브리마스타이'(embrimasthai)는 그 참뜻을 이해하기가 매우 어렵다. 윌리엄 바클레이도 요한복음 주석에서 이 점을 언급했다. 그에 따르면, 고대 희랍어에서 이 단어의 평범한 용례에 '말이 콧김을 내뿜다'라는 의미가 있다. 그는 원어에 가장 가까운 것으로 류(Rieu)의 번역을 인용한다. "주께서 몸이 떨릴 정도로 깊은 슬픔에 잠기사." 그래서 바클레이는 이 구절이 "그렇게 깊은 감정에 사로잡히다 보니 결국 자신도 모르게 가슴속에서부터 쥐어짜 내는 탄식이 새어 나왔다"[6]라는 의미일 수밖에 없다고 말한다.

다른 복음서를 보면 예수님의 마음이 동정("불쌍히 여기사", compassion)으로 가득 차셨음을 말할 때 다른 단어가 열두 번 사용되었다. 이 단어와 연결해서 생각하면 훨씬 이해하기가 쉬울 것이다. '동정'에 해당하는 헬라어 스플랑크나(splanchna)는 '내장', '창자'를 뜻한다. 당시에는 가장 강렬한 감정이 이 내부 기관에서 일어난다고 믿었다. 지금도 '밑바닥(gut-level) 심정' 또는 '본능적(gut) 반응' 등에 그런 뉘앙스가 남아 있다('gut'는 1차적으로 '창자'를 뜻한다. — 옮긴이). 그러므로 예수께서 "불쌍히 여기사" 또는 "심령에 비통히 여기사"라고 한 표현은 곧 예수님의 창자가 뒤틀리고 심장이 터지는 듯한 고통을 느끼셨다는 말이다. 헨리 나우웬은 이렇게 말한다.

> 이 단어는 '동정'에 해당하는 히브리어 '라카민'(rachamin)과 관계된다. 라카민은 여호와의 태(胎)를 지칭하는 말이다. 예수님의 동정은 너무나 깊고 진하며 강한 감정이므로 하나님의 태의 움직임으로만 표현된다. 하나님의 모든 온유하심과 자비하심이 그 속에 숨어 있다. 그 태 안에서 하나님은 아버지이자 어머니이며, 형제이자 자매이고, 아들이자 딸이다. 모든 감정과 기분과 격정은 하나님의 사랑 안에서 하나다.[7]

"그때 재난이 닥쳤을 때 하나님은 어디 계셨단 말인가? 눈물로 베개를 적실 때 하나님은 도대체 어디 계셨는가? 상실감과 고독, 뼈 아픈 기억이 마치 마취도 하지 않고 칼로 쑤시는 듯 다가올 때, 하나님은 어디 계셨단 말인가?" 우리는 이런 질문을 얼마나 많이 던졌던가! 하나님이 어디 계신지 예수님이 분명히 말씀해 주신다. 그분은 깊은 긍휼과 상한 심령으로 우리와 함께 우시고, 우리를 위해 우시며, 우리 곁에 와 계신다. '임마누엘!' 악과 고난의 신비에 대한 최종 해답은 바로 이것이다. 하나님이 우리와 함께 계신다. 하나님이 우리를 위하신다. 이 세상 모든 일에 처음부터 끝까지 우리와 한편이 되셔서 함께하신다.

　　이 의미를 온전히 깨달으려면 인간으로 오신 예수님께 시선을 돌려야 한다. 그분은 내가 있는 바로 이곳, 내 아픔과 고난, 내가 받은 피해 가운데서 나와 함께 아픔을 당하시고 나를 이해하시며 온전히 나와 하나가 되시는 위대한 현재(Great I AM)이시다. 성육신하신 하나님이요, 우리의 맏형이자 친구이며, 변치 않는 연인이자 함께 고난당하시는 그분이 친히 막대한 값을 지불하여 나의 구세주요 치료자, 새 생명의 회복자가 되기를 간절히 원하신다. 내가 울 때 위대한 현재이신 그분도 함께 우신다. 이 광경 하나만으로도 마르다와 마리아는 과거 혹은 미래에 대한 생각에서 벗어나 현재로 돌아오기에 충분했다. 이 엄청난 광경을 묵상할 때 우리도 이들과 나란히 그 대열에 함께 설 수 있다.

　　하지만 지금까지 한 이야기는 어떤 의미에서 죄다 과거 시제로 기록된 일 아닌가? 이 이야기는 거의 2천 년 전 일이며 지금까지 얘기한 예수님은 먼 역사 속 예수님인 것이다. 그런데 어떻게 이 모든 것이 지금 우리에게 문자적으로 현재 시제가 될 수 있단 말인가? 이렇게 눈물을 흘리시고 고난받으신 바로 이 예수님이 하늘에 오르셔서 우리를 위해 항상 간구하고 계신다(히 7:25). 바울도 이렇게 말했다. "죽으실 뿐 아니라 다시 살아나신 이는 그리스도 예수시니 그는 하나님 우편에 계신 자요 우리를 위하여 간구하시는 자시니라"(롬 8:34). 역사 속 예수님을 성령을 통해서 나 개인의 그리스도로 모실 때 이 모든 것은 현재가 된다. 초대교회 교부들은 이 사실을 아주 멋지게 표현했다. "올라가신 아들은 하늘에서 우리를 위해 간구하시고, 내려오신 성령은 이 땅에서 우리의 길을 인도하신다."

이 사실은 로마서 8장에 잘 나타나 있다. 그리스도와 성령의 현재 사역에 대한 단어들이 양쪽에서 모두 혼용되는 것을 볼 수 있다. 성령은 '파라클레테'(paraklete), 즉 곁에 있도록 부름받으신 분이다. 로마서 8장 25-27절에 보면 우리가 무력하고 부족하고 연약하고 고통당할 때 성령께서 우리를 도우신다고 분명히 말한다. 예수께서 마르다와 마리아와 함께 마음을 같이하여 '탄식'하셨던 것처럼 "이와 같이(똑같은 방식으로) 성령도 말할 수 없는 탄식으로 우리를 위하여 친히 간구하신다." 이보다 더 위로가 되고 치유력이 뛰어난 것은 없다. '위로'라는 말은 단순한 동정이나 이해를 뜻하는 나약한 단어가 아니다. 이 말은 '힘 있게, 의연하게'라는 의미의 라틴어 '콘 포르티스'(con fortis)에서 왔으며 '힘을 주다'라는 뜻이 있다.

여러 해 전, 텔레비전 프로그램에서 좋은 예를 보았다. 삼십 대 중반의 젊은 어머니 로렐 리가 인터뷰를 하며 자신의 책인 *Walking Through the Fire*(불 속을 걷기)와 *Signs of Spring*(봄의 신호)에 관해 얘기하고 있었다. 세 자녀를 둔 이 여성은 자신이 암에 걸렸다는 것을 알았다. 상황이 너무 어려워지자 남편도 더 이상 견디지 못했다. 하루는 병원에서 치료를 받고 돌아와 보니 남편이 집을 내놓은 채로 이혼 수속을 밟고 있었다. 사태는 갈수록 나빠졌다. 결국 로렐은 조그만 집을 얻어 아이들과 이사해야 했지만, 아이들과 함께 기막히게 독창적인 방법으로 난관을 헤쳐 나가기 시작했다. 여섯 살 맏아들은 붙박이 옷장에서 자야 했다. 로렐은 철도 그림을 구입해서 옷장 안에 붙이고 옷장 선반을 마치 침대차 위층처럼 꾸며 주었다. 손전등을 켜고 침낭에 들어가게 하자 아들은 마냥 재미있어 했다.

로렐은 암이 좀 나아졌다가도 재발하곤 했으므로 미래는 막막할 뿐이었다. 로렐과 인터뷰하던 데이비드 하트맨은 감탄하며 질문을 던졌다. "어떻게 이런 긍정적인 태도가 가능합니까? 어디서 그런 힘이 나옵니까?"

로렐은 바로 대답했다. "그 비결은 바로 제 기독교 신앙입니다. 저는 9년 전에 그리스도인이 되었어요. 그리고 현재를 사는 법을 배웠습니다. 이걸 배운 뒤로는 어떤 것도 저를 넘어뜨릴 수 없었어요. 저는 오히려 이기는 자가 되었어요. 사실 저는 이 모든 것에 감사해요. 그저 하루하루 살면서 순간순간을 기쁘게 보냅니다. 전에는 항상 미래에서 살았어요. '주말까지만 기다리자.' '방학 때까지만 참자.' 이런 식이었죠. 하지만 지금은 한 순간 한 순간이 다 소중해요. 하나님이 나와 함께하신다는 것을 알기 때문에 이제는 엘리베이터 '내려감' 버튼이 아니라 '올라감' 버튼을 눌러 놓고 위를 올려다보며 살고 있어요."

예수님은 내가 있는 바로 이곳, 내 아픔과 고난, 내가 받은 피해 가운데서 나와 함께 아픔을 당하시고 나를 이해하시며 온전히 나와 하나가 되시는 위대한 현재(Great I AM)이시다.

2부
피해의식의 덫에서 벗어나려면

"
예수께서
눈물을 흘리시더라
(요 11:35)

4.
날 위해 피해자가 되신 예수를 의지하여

피해자와 자신을
동일시하신
하나님의 아들

어느 젊은 엄마가 밤마다 잠자리에 들기 전 어린 아들에게 어린이 성경을 읽어 주었다. 갖가지 색깔의 그림을 곁들인, 아주 쉽게 쓴 성경책이었다. 아이는 예수님의 탄생, 목자들, 별, 동방박사 등 성탄절 이야기에 홀딱 빠졌다. 어떤 소년이 예수님께 자기 도시락을 드려서 그것으로 남자 어른만 5천 명이 먹은 대목에 이르자 아이는 흥분을 감추지 못했다. 아이는 자기도 거기 있었다면 그렇게 했을 거라고 엄마에게 힘주어 말했다. 예수께서 풍랑 이는 갈릴리 바다를 보시고 "쉿! 조용!"이라고 말씀하신 이야기에서는 크게 웃기도 했다.

그러다가 예수께서 배반당하시고 재판받으신 이야기, 사람들이 두 강도와 함께 예수님을 십자가에 못 박은 대목에 이르자 아이는 완전히 말을 잃었다. 두 눈에 눈물이 차오르더니 끝내 분하다는 듯 씩씩거리며 아이는 말했다. "엄마, 만약 하나님이 거기 계시기만 했다면(if only) 이 사람들을 그냥 놔두지 않았을 거예요."

그러나 하나님은 거기 계셨다. 이 대목이 바로 십자가 기사의 절정 아닌가! "하나님께서 그리스도 안에 계시사 세상을 자기와 화목하게 하시며"(고후 5:19). 그날 하나님은 무언가 표현하기 어려운 신비로운 방식으로 십자가에서 이 일을 하고 계셨다. 십자가 위 하나님의 사랑, 하나님의 아픔, 하나님의 고난, 하나님의 희생, 그것이 있었기에 나머지 모든 일이 가능해졌다. 우리의 이해를 초월하는 이 진리가 찰스 웨슬리의 그 유명한 찬송가 〈어찌 날 위함이온지〉(And Can It Be)에 아름답고도 담담하게 표현되어 있다.

주 보혈로 날 사심은 그 뜻이 깊고 크셔라
상하심과 죽으심이 어찌 날 위함이온지
놀라워라 주 사랑! 날 위해 죽으신 사랑
놀라워라 주 사랑이 어찌 날 위함이온지

생명 되신 하나님이 돌아가신 놀라운 신비
뉘라서 그 묘한 뜻 다 측량할 수 있으랴[1]

십자가는 우리 신앙의 중심이다. 십자가는 그리스도께서 궁극적으로 죄인들과 하나 되신 곳으로, 십자가를 통해 하나님의 사랑이 우리에게 나타나셨다. "하나님이 죄를 알지도 못하신 이를 우리를 대신하여 죄로 삼으신 것은 우리로 하여금 그 안에서 하나님의 의가 되게 하려 하심이라"(고후 5:21).

십자가의 힘으로 우리의 죄가 사해져 깨끗해진다는 것은 너무나 놀라운 능력이다. 그러나 십자가의 효력을 거기에만 국한시킨다면 복음의 힘을 잃는 것이다. 이 대목은 진정한 성경적 상담 신학을 정립하는 데 십자가가 중요함을 강조한 프랭크 레이크 박사에게 큰 빚을 졌음을 밝히고 싶다. 레이크 박사는 탁월한 저서인 *Clinical Theology*(임상 신학)[2]에서 십자가가 그리스도인 상담가에게 의미하는 바를 역설한다. 그는 인간이 짓는 죄의 문제는 물론이고 인간이 겪는 악의 문제까지 철저히 다루지 못하는 목회 상담은 결함이 있다고 말한다. 그의 정신분석학 적용에는 더러 공감이 안 가기도 하지만 심오한 성경적 통찰만은 그 공로를 십분 인정하고 싶다. 이번 장에서는 그의 사상을 여러 차례 인용할 것이다.

레이크 박사는 십자가 위에서 보여 주신 그리스도의 궁극적 동일시(identification)는 죄를 지은 죄인들만이 아니라 죄 없이 고난당하는 사람들에게도 똑같이 해당됨을 강조한다. 예수님은 죄지은 사람들의 형벌과 결과도 담당하셨지만 타인이 저지른 범죄의 대상이 된 사람들이 겪는 신체적·정신적·감정적·영적 고통도 모두 껴안고 담당하셨다. 그분은 자신을 범죄자뿐 아니라 무죄한 피해자와도 온전히 동일시하셨다.

자기 문제가 주로 자기 죄 때문이라는 것을 아는 사람들에게는, 십자가에서 성취된 예수님의 용서로 얻은 평안으로 인해 "경이로움과 사랑과 찬송"만 있을 뿐이다. 그러나 다른 이의 잔혹한 죄로 인해 상처를 받아, 어렸을 때부터 영적 기능이 심각하게 훼손된 사람들이 점점 늘어나고 있다. 이런 사람들은 믿음을 갖기가 그만큼 어렵다. 예수님도 이 세상에서 실족하게 하는 일이 없을 수 없음을 아셨고, 실족하게 하는 사람에게는 화가 있다고 말씀하셨다(마 18:6-7; 눅 17:1-2). 타인의 죄로 인해 감정이 상하면, 이는 관념과 사고를 철저히 왜곡시켜 하나님이 좋으신 분임을 진심으로 믿을 수 없게 만든다. 이들은 무고한 사람이 고통당하는 세상에서는 하나님을 믿기가 거의 불가능하다고도 생각한다. 그리하여 그 옛날 욥처럼 하나님과 다툼을 벌이는데, 그들이 당하는 고난은 그들 죄의 결과가 아니기 때문이다.

죄인의 입장에서 필요한 것은 용서를 통해 하나님과 화목하는 것이다. 그러나 피해자의 입장에서 필요한 것은 하나님께서 그의 고난을 돌보시고 공감하시고 이해하신다는 분명한 증거를 통해 하나님과 화목하는 것이다. 그리스도의 십자가와 부활은 이 두 가지 모든 필요에 대한 하나님의 은혜로운 해답이다. 십자가에서 그리스도는 죄의 궁극적인 속죄이자 고난의 궁극적 피해자가 되셨다. 그리스도는 부활하심으로써 이 둘 모두에 대한 궁극적 승리자가 되신다.

요한은 예수님의 모든 기적을 어떤 위대한 진리를 암시하는 '신호'로 보았다. 나사로를 살리신 사건은 곧 이어질 그리스도의 죽으심과 부활에 대한 살아 있는 비유다. 우는 자들과 함께 우시던 예수님의 슬픔은 세상의 모든 슬픔에 대한 당신의 궁극적 동일시의 서곡이다. 나사로의 부활은 죽음과 무덤을 이기신 그리스도 자신의 승리를 예표한다. 이것이 악과 고난의 수수께끼에 대한 기독교의 최종 해답이다.

고의적 범죄와 무죄한 이의 고난의 막후에서 활동하던 모든 악의 세력은 그리스도의 십자가와 부활에 패배하여 쫓겨나고 만다. 그리스도께서 그 죽으심을 통해 의도적으로 그리고 자원해서 자신을 죄에 대한 구속으로, 또한 사람들의 악한 선택에 대한 무죄한 피해자로 내어 주셨기 때문이다. 그리고 그리스도는 부활하심으로 이 둘을 모두 이기셨다. 이제 우리도 두 가지 모두에 대해 승리자가 될 수 있다. 우리의 설교와 교육과 상담에서 이 내용이 빠진다면, 우리는 상처받은 이들이 절실히 들어야 할 메시지를 전하지 않는 것이다.

우리의 아픔을 함께 느끼시는 피해자 예수님

도와 달라고 간절히 기도했지만 들어주지 않았다며 하나님을 향해 절규하던 근친상간 피해자의 이야기를 2장에서 소개한 바 있다. 그 피해자뿐 아니라 동생까지 삼촌에게 성폭행을 당했다. 이 두 자매가 '정서적·영적 온전함'을 주제로 열린 주말 세미나에 함께 참석했다. '용서: 치유의 핵심'이라는 제목의 오후 강의 시간이었다. 누군가 내 인생을 파괴했다 해도 그를 용서해야 한다고 내가 말하자, 그들은 어떻게 감히 그런 말을 할 수 있느냐며 하나님과 나에게 깊은 적대감을 드러냈다. 히브리서 12장 15절에서 말했던, 많은 사람을 괴롭게 할 수 있는 쓴 뿌리가 이들의 인간관계, 특히 남성을 향한 태도에 자리 잡고 있었다. 두 사람 다 그 쓴 뿌리를 당당하게 드러냈는데, 그들에게 정신적 외상을 입힌 '만약 …만 했더라면'의 비극 때문에 적대감을 품을 '권리'가 얼마든지 있다고 생각했던 것이다.

이튿날 오전 강의가 끝나고 특별 치유 기도 시간이 되었다. 두 자매 가운데 언니가 초청에 응하여 강대상 앞으로 나왔다. 하나님이 성령으로 말미암아 그의 마음속에 그분의 사랑을 부어 주시자(롬 5:5) 그 마음에 가득했던 증오가 깨끗이 녹아내렸다. 바울이 십자가를 이야기하는 문맥 안에 이 말씀이 기록되어 있다. 하지만 성폭행 피해자에게 하나님이 십자가에서 무슨 말씀을 하실 수 있단 말인가?

그러나 말씀이 그에게 임했다. 예수님의 십자가 수난을 그린 초기 그림들을 보면 그분은 언제나 벌거벗은 모습이다. 이 이야기가 그 여성에게는 하나님의 말씀이 되었다. 이렇게 모욕과 치욕을 받으심으로써 그리스도는 벌거벗음의 수치를 당한 모든 피해자들과 하나가 되셨다. 그 여성은 예수께서 수치스러운 노출의 고통을 이해하신 다는 사실을 깨달았다. 예수께서 친히 겪어 보셨기 때문이다. 예수님은 그녀가 왜 그렇게 상처받았고 분노하는지, 그리고 왜 그렇게 상대를 용서하기 어려워하는지 이해하셨다. 예수님은 하나님을 향한 그 여성의 분노를 판단하거나 정죄하지 않으시고 오히려 그 여성과 함께, 그 여성을 위해 울고 계셨다.

이 사실을 깨닫자 그동안의 방어적인 태도가 완전히 무너졌다. 하나님의 용서하시는 은혜가 그 상한 심령의 어두운 동굴 속으로 흘러든 것이다. 그러나 안타깝게도 동생은 이렇다 할 반응이 없었고 분노는 더욱 깊어졌다. 오히려 자기 홀로 상처와 증오를 품고 살도록 내버려둔다며, 태도를 바꾼 언니에게 배신감을 느꼈다.

우리 부부는 코리 텐 붐 여사를 사흘간 집에 모시는 특권을 누린 적이 있다. 사실 그 일이 있기 전만 해도 나는 그리스도의 수난에 이런 면이 있음을 전혀 몰랐다. 여사는 인도 방갈로르에 있던 우리 교회에서 말씀을 전했다. 어느 날 아침 식사 중이었다. 나는 홀로코스트 당시 독일 포로수용소에서 겪은 가장 끔찍한 일이 무엇인지 물었다. 여사는 잠시 말이 없다가 곧 우리의 예상과 전혀 다른 대답을 들려주었다. "벌거벗음이었습니다. 조롱하는 병사들 앞에서 벌거벗고 있어야 할 때가 한두 번이 아니었어요. 정말 끔찍했습니다!" 그렇다. 우리 주님이 자신과 세상의 고난을 온전히 동일시하셨을 때는 그것까지 포함되어 있었다.

우리와 함께 울어 주시는 피해자 예수님

"도대체 왜?" 이것은 다른 사람들의 죄에 짓밟혀 부서진 삶 속에서 죄 없이 고난받는 모든 이들이 끊임없이 던지는 질문이다. 불의(不義)라는 파도는 사랑의 하나님에 대한 의심이라는 깊은 바다로 이들을 밀어낸다. 그리스도의 수난을 묵상하다 보면 우리도 "왜?"라고 꼬치꼬치 묻지 않을 수 없다. 그리스도는 고난과 죽으심을 통해 세상에서 겪을 수 있는 모든 불의를 겪으셨다. 그분의 행동에서 작은 흠 하나도 찾아내지 못할 정도로 그분은 죄가 하나도 없으셨는데도 말이다.

이렇듯 전혀 죄가 없으심에도 그분은 모든 불의와 죄악의 피해자가 되셨다. 빌라도와 헤롯과 대제사장 가야바는 세상 법률의 보편적 정의를 예수님께는 적용하지 않는 죄를 지었다. 하나님은 그 아들이 불의의 피해자로서 고통받는 모든 사람과 동일시되기를 원하셨기 때문에 이를 내버려두셨다. 하나님은 "자기 아들을 아끼지(구하지) 아니하시고 우리 모든 사람을 위하여"(롬 8:32) 내주셨다. 하나님은 이 타락하고 불완전한 세상의 피할 수 없는 복잡한 악의 역학관계에 걸려들지 않도록 예수님을 보호하시지 않았다. 기독교 최초의 설교에서 베드로는 이 점을 명확히 밝혔다. "그(예수)가 하나님께서 정하신 뜻과 미리 아신 대로 내준 바 되었거늘 너희가 법 없는 자들의 손을 빌려 못 박아 죽였으나"(행 2:23).

예수님은 자신을 우리와 온전히 동일시하기 위해서 피해자가 되셔야 했다. 각기 모양은 달라도 따지고 보면 우리는 모두 피해자이기 때문이다. 내가 하지 않은 선택, 내가 일으키지 않은 사고, 내가 만들어 낸 것이 아닌 유전자 결손, 내가 회피할 수 없었던 정서적 역기능, 내가 초래하지 않은 영적 문제, 내가 감당할 몫이 아닌 심판 등의 결과로 인해 우리 모두 고통당하고 있다. 우리 대다수는, 우리 내면의 저 깊고 어두운 곳에서, 이른바 전능하시다는 하나님이, 그러면서도 사랑이 충만하다는 하나님이 왜 이런 일이 일어나도록 허용하셨는지 고통스럽게 절규해 본 적이 있다.

모욕과 멸시를 당하신 피해자 예수님

예수께서 고난당하는 우리에게 자신을 어떻게 온전히 일치시키셨는지 몇 가지만 생각해 보라. 뺨을 맞는 사람들, 조롱당하는 사람들, 놀림당하는 사람들, 망신당하는 사람들, 구타나 욕설로 인신공격을 당하는 사람들…. 이 모든 사람을 떠올려 보라. 예수께서 재판정을 떠나 골고다를 향해 가실 때 병사들과 무리들, 제사장들, 구경꾼들, 행인들, 심지어 십자가 양편에 달린 두 강도조차 예수님을 비방했다(눅 23:39).

상담을 하다 보면 깊은 상처와 원한, 가해 욕망에 가득 찬 사람들을 자주 대한다. 처음에는 상담에 필요한 세부 사항을 아무런 감정 표현 없이 이야기하곤 한다. 그럴 때 나는 이런 질문으로 좀 더 부드럽게 파고든다. "마음에 떠오르는 가장 끔찍한 일은 무엇인가요?" "마치 느린 동작으로 재생되듯, 당신 마음에 자주 떠오르면서 감정적으로 고통스러운 기억은 무엇인가요?" 그러면 달라지기 시작한다. 눈시울이 붉어지고 어조가 바뀐다. 떨리는 말로 고통스러운 장면들을 털어놓을 때, 다른 어떤 것보다도 뚜렷하게 부각되는 한 가지 주제가 바로 모욕감이다. 뺨이나 머리를 한 대 맞는 것이 신체 다른 부위에 심한 상처를 입는 것보다 훨씬 고통이 크다. 얼굴과 머리는 왠지 모르지만 인간의 정체성 및 자존감과 깊이 관련되어 있고 그곳이 건드려지면 아주 심한 인격적 모욕을 느끼게 된다.

모욕감은 또한 성적인 폭행과도 밀접한 관계가 있다. 그런 폭행은 문자 그대로 사생활 침해로서, 피해자를 벌거벗겨 가장 은밀하고 소중한 재산을 강탈하는 행위다. 많은 경우에, 그런 폭행을 당한 사람은 성인이 되어서도 그 욕지기 나는 수치를 잊지 못하고, 계속해서 그 속에서 살아가며 쓰라린 원한으로 치를 떨곤 한다. 한편 얼굴과 관련된 인격적 정체성과 성적 정체성 사이에는 아주 복잡한 관계가 있는 듯하다. 근친상간 피해자가 울먹이는 목소리로 이렇게 말하는 것을 나는 자주 들었다. "그자가 나를 짓밟을 때 내가 할 수 있는 건 베개로 얼굴을 가리고 우는 것밖에 없었어요." 이런 일의 결과로, 왜곡된 성적 태도나 행동, 깊은 수치심, 잘못된 죄책감, 낮은 자존감 등

이 나타난다. 이는 모두 치유가 필요한 부분이다.

이런 피해자들의 정신 회로 속에는 지금도 모욕과 멸시의 메시지가 계속해서 울리고 있다. "너는 하찮은 존재야!" 이런 메시지를 끊임없이 듣다 보면 패배 의식이 깊어지고 자존감과 자신감을 잃게 된다.

- "이 자식은 어떻게 하는 일마다 제대로 하는 게 하나도 없어?"
- "아빠랑 결혼했을 때 엄마는 이미 너를 임신하고 있었어. 너희 아빠는 신혼여행에서 그 사실을 알고는 침대 끝에 앉아 울더구나."
- "네 녀석들만 아니었으면 나는 벌써 가수로 성공했어. 하긴 이제는 너희들이 내 노래(song: '하찮은 것'이란 뜻이 있음. — 옮긴이)인 셈이지."
- "또 시작이군. 시장 한복판에서 바지에 오줌을 싸다니. 그렇게 더럽고 냄새나는 상태로 그냥 서 있어. 너는 좀 창피당해도 싸."
- "저러다 망나니 하나 나오지. 꼭 저희 삼촌 같다니까."
- "저러니 친구가 하나도 없지. 좋아할 구석이라곤 하나도 없는 놈!"

잘못된 행동을 고쳐 주는 것은 부모가 하는 훈육의 일부다. 그러나 지독히도 파괴적인 이런 말들은 '잘못된 행동'을 바로잡지 못한다. 그 말에는 하나같이 '너는 잘못된 인간'이라는 결론이 내려져 있다. 아이의 행동이 아니라 아이의 존재 자체가 문제라는 것이다. 예수님도 어떤 행동 때문이 아니라 존재 자체에 대해, 즉 '하나님의 아들', '유대인의 왕', '메시아'로 지칭되며 욕설과 빈정대는 말과 조롱이 섞인 모욕을 당하셨다. 사람들은 이런 명칭을 그분을 멸시하는 데 사용했다.

당연한 권리를 빼앗긴 피해자 예수님

예수님은 신체적인 힘이 약해서 자신을 방어할 수 없는 사람들, 또는 당연한 권리마저 다 빼앗긴 사람들과도 자신을 동일시하신다. 예수님은 목재를 나르던 젊은 목수이셨지만 지금은 십자가 하나 제대로 지지 못할 정도로 온몸의 힘이 빠져 그 무게에 눌려 쓰러지셨다. 불과 며칠 전만 해도 예수님은 임의로 나귀를 끌어와 타고 왕처럼 수도에 입성하셨고, 위대한 스승답게 임의로 공간을 취하셔서 제자들과 만찬을 가지셨다. 그런데 지금은 그렇게 임의로 행하실 권리를 박탈당하신 것이다. 인간이 제 것을 주장할 권리를 완전히 잃으면 실존의 무게를 감당할 힘을 지키기란 거의 불가능하다. 예수님은 가장 근본적 필요라 할 수 있는 먹을 것과 마실 것, 곁에 있어 줄 사람마저 빼앗기셨다. 만물이 그분을 통해 창조되었건만 이제 그분은 사소한 물건 하나 취하실 권리가 없다. 심지어 옷가지마저 욕심 많은 병사들의 제비뽑기에 온데간데없이 사라지고 말았다.

온 세상 이스라엘 백성을 후히 맞아 주는 '하나님의 평강의 도시' 예루살렘이 예수님께는 문을 꼭꼭 닫아 걸었다. 신분이 '천하다거나' 피부색이 '안 좋다거나' 하여 부당한 취급과 차별을 받는 사람들처럼 그분 또한 예루살렘 밖으로 쫓겨나야 했다. 예수님도 과거를 돌아보시며 '만약 …만 했더라면'을 말씀하신 적이 한 번 있다. 예루살렘 성을 보시며 우실 때였다. "너도 오늘 평화에 관한 일을 알았더라면(if only) 좋을 뻔하였거니와 지금 네 눈에 숨겨졌도다"(눅 19:42).

나는 인도 천민 계급을 상대로 복음을 전해 본 뒤에야 히브리서 13장 12-13절의 중요성을 명확히 알게 되었다. 우리가 사역하던 지역의 사람들은 침입자나 강도에게서 주민을 보호하기 위해 지은 고대 촌락 성벽의 잔해를 그대로 마을 삼아 살고 있었다. 그런데 전생의 업보로 신의 벌을 받아 천민으로 환생한, 이른바 부정하고 더러운 사람들은 '케리'(keri)라는 빈민굴에서 따로 살아야 했다. 성문 밖에 위치한 케리에 있는 우물은 수질이 나빴고 물을 얻을 수 있는 다른 곳도 없었다. 케리 주민들은 아주 먼 곳까지 가서 물을 길어야 했는데 그마저도 흙탕물일 때가 많았다. 여러 면에서 케리는 마을의 쓰레기장이었다. 사람들은 쓰레기뿐 아니라 짐승의 사체도 거기다 버렸다. 힌두교 카스트 제도에서 신분이 높은 사람들은 부득이한 때가 아니면 절대로 그곳에 발을 들여놓지 않았다.

그렇다면 이제 히브리서 13장 12-13절이 왜 내게 특별한 의미가 있고, 인도에서 그 말씀을 자주 설교 본문으로 삼았는지 이해할 수 있을 것이다. "그러므로 예수도 자기 피로써 백성을 거룩하게 하려고 성문 밖에서 고난을 받으셨느니라 그런즉 우리도 그의 치욕을 짊어지고 영문 밖으로 그에게 나아가자."

사람들이 자꾸 질문하는 바람에 내 설교는 자주 중단되었다. "잠깐만요, 목사님. 그러니까 이 하나님의 아들 예수께서 성 바깥에서 십자가에 달리셨다는 말입니까? 케리 안에서 죽으셨단 말입니까? 우리를 그렇게까지 사랑하셨다는 말입니까?" 좌중에서 그들 특유의 혀 차는 소리와 탄성이 터져 나왔다. 나는 그 소리를 들으며, 그들과 같은 역경을 당하심으로 자신을 그들과 동일시하신 예수님을 통해, 그들에게 여태껏 이해되지 않던 사랑의 하나님이 그제야 실체로 여겨지기 시작했음을 확신할 수 있었다.

지옥에 내려가신 예수님

침몰한 타이타닉호가 발견되기 7년 전부터 잡지 〈내셔널 지오그래픽〉은 배가 발견되어 사진을 찍을 날을 대비하고 있었다. 1985년에 배가 발견되자 사진작가 에모리 크리스토프는 수심 및 시계(視界) 문제 계산에 착수했다. 수심 4킬로미터까지 내려가려면 엄청난 비용이 드는 기술이 필요했다. 과학자들과 영화 제작자들 그리고 심해 영화 〈심연〉(*The Abyss*) 촬영에 사용된 영화용 조명 장치가 장착된 잠수함 두 대의 도움으로, 드디어 1991년에 크리스토프의 명작 사진 시리즈가 잡지를 통해 빛을 보았다. 〈내셔널 지오그래픽〉이 미리 내보낸 광고에는 이런 질문이 있었다. "본지 사진 기자, 완벽한 작품을 얻기 위해 얼마나 깊이 내려갈 것인가?"[3]

죄인들과 고난당하는 사람들에 대한 사랑을 보여 주시기 위해 하나님은 과연 얼마나 깊은 곳까지 내려가셨는가? 우리는 이미 그 답을 안다. 선지자들의 말을 통해 몇 세기에 걸쳐 세심한 준비를 하신 후 드디어 생명의 말씀이 육신이 되어 심연 밑바닥까지 내려오셨다. 십자가 위에서 버림받은 그리스도의 고통스러운 부르짖음은 가히 믿을 수 없을 만큼 깊다. 그러나 궁극적이고 가장 깊은 동일시 사건은 예수님이 백성에게 멸시와 외면을 받고 제자들에게 부인당하고 버림받은 것이 아니었다. 하나님 그분께 철저히 버림받은, 그 이해할 수 없는 수수께끼 같은 일이었다. "나의 하나님, 나의 하나님, 어찌하여 나를 버리셨나이까." 고통스러운 절규였건만 아무 대답이 없었다. 하늘은 침묵을 지켰을 뿐 아니라 마치 텅 빈 듯 보였다(막 15:33-34).

자연의 힘까지도 예수님을 더 고독하게 만들었다. 대낮이 어둠으로 바뀌는 바람에, 그분을 위로하러 가까이 온 어머니와 사도 요한과 몇몇 신실한 여인들도 그분께는 보이지 않았다. 이렇듯 그리스도는 여러 가르침과 비유를 통해 "바깥 어두운 데로 내어 쫓기는" 것으로 묘사하신 그 지옥의 단면을 직접 겪으셨다. 여러 옛 신경(信經)에 예수께서 십자가 위에서 "지옥까지 내려가셨다"고 한 것은(사도신경 원문에는 이 대목이 있다. ─ 옮긴이) 우리가 거부당하거나 버림받거나 우울에 빠지는 등 최악의 순간에 경험하는 모든 두려움과 공포와 불안 속에 예수 그리스도께서 친히 들어가셨음을 뜻한다.

나는 상처받은 사람들의 얘기를 들어 주며 지금껏 살다 보니, 감정적 고통의 심연 속에서 지옥까지 내려갔다는 얘기도 많이 듣는다. 그럴 때마다 거듭 깨닫는 것이 있다. 치유 과정의 전환점은 하나님께서 내 기분을 아시고 내게 관심을 두는 정도가 아니라 나를 진정 이해해 주신다는 사실을 깨달을 때 온다는 것이다.

이 글을 쓰다 보니 한 내담자가 떠오른다. 애슐리와 남편은 둘 다 재혼이었고 양쪽 모두 아이가 있었다. 얼마 후 이들 부부 사이에서도 아기가 태어났다. 처음 몇 년간은 아무 문제 없다가 남편의 알코올 중독과 외도로 애슐리의 꿈은 부서져 갔다. 결국 남편은 집을 나갔고 다른 여자와 살림을 차렸다. 이혼과 복잡한 양육권 조정 문제로 정신 없는 와중에도 남편은 애슐리를 더욱 미워하면서 제정신이 아닌 듯 온갖 트집을 잡으며 상처를 주었다. 가장 뼈아픈 공격을 받은 때는 법정에 섰을 때였다. 남편이 데려온 자식들 중 지금은 십 대가 된 아이를 애슐리가 사랑하지 않았다는 것이다. 애슐리는 그 아이가 걸음마를 배울 때부터 자기가 도맡아 키웠다고 내게 말했다. 그때 그 고통스러워하던 표정과 힘없는 목소리를 나는 영원히 잊지 못할 것이다.

"박사님, 저는 마음을 다해서 그 아이를 사랑했어요. 아이를 돌보려고 직장까지 그만두었습니다. 예전 부모가 얼마나 방치했던지 그 아이는 바짝 말랐었어요. 그 아이가 가엾어서 제 마음이 얼마나 아프던지. 저는 그 아이를 친자식처럼 생각해서 제 삶과 사랑을 쏟아부었어요. 그런데 이제 와서 아이를 사랑하지 않은 죄로 법정에서 추궁받다니…. 정말 그런 말들이 얼마나 상처가 되던지…. 배를 칼로 찌르는 것 같았어요."

애슐리는 말 한 마디 한 마디마다 눈물을 하염없이 흘렸다. 그렇게 깊은 상처와 분노에도 불구하고 애슐리는 그런 원한이나 미움이 자기 마음속에 집을 짓는 것은 허용하지 않았으니 정말 기적이다. 어떻게 그럴 수 있었을까? 그것은 우리 주님도 배반당했고, 버림받았고, 짓지도 않은 죄를 추궁당했으며, 고통 가운데서 절규하셨다는 것을 우리가 함께 기도할 때마다 마음에 되새겨졌기 때문이다. 주님께서 애슐리의 감정을 아신다는 것, 그분과 함께라면 어떤 감정도 부끄러워하지 않고 나눌 수 있다는 것을 우리는 알고 있었다.

"우리에게 있는 대제사장은 우리의 연약함을 동정하지 못하실 이가 아니요 모든 일에 우리와 똑같이 시험을 받으신 이로되 죄는 없으시니라 그러므로 우리는 긍휼하심을 받고 때를 따라 돕는 은혜를 얻기 위하여 은혜의 보좌 앞에 담대히 나아갈 것이니라"(히 4:15-16).

　예수께서 우시는 것을 보고 그 심령으로 탄식하시는 소리를 들은 마리아와 마르다의 관심은 그분께 고정되었다. 예수님은 책임 전가에서 믿음으로 가는 그들의 여정 가운데 처음 두 단계를 말씀과 행동을 통해 인도하셨다. 우선 과거에서 현재로 돌아오게 도운 후, 그들의 고통을 온전히 이해하신다는 사실을 깨닫게 해 주신 것이다. 예수님의 눈물을 본 유대인들은 그 눈물의 깊은 의미를 알아차리고 이렇게 말했다. "보라 그를 얼마나 사랑하셨는가."
　이제 예수님은 이 자매를 다음 단계로 이끌고 가시려 한다. '하나님의 영광을 보려는' 자에게 아주 중요한 단계다. 즉 이들은 예수님의 말씀과 행동을 통해 막 새롭게 보고 겪은 그 사랑을 굳게 붙들어야 하고, 한 걸음 더 나아가 그분의 그 사랑에 붙들려야 한다. 그것이 믿음의 여정에서 가장 어렵고 고통스러운 단계이기 때문이다.

십자가는 우리 신앙의 중심이다. 십자가는 그리스도께서 궁극적으로 죄인들과 하나 되신 곳으로, 십자가를 통해 하나님의 사랑이 우리에게 나타나셨다.

❝

돌을 옮겨 놓으라

(요 11:39)

5.
내면의 어두움에 십자가 빛을 비추고

평생의 쓰라린 기억과

수치심에서

풀려나다

예수님이 마르다와 마리아를 대하는 모습에는 아주 인상적인 대조점이 있다. 지금까지 우리는 예수님의 자상하심과 긍휼을 보았다. 그분은 눈물을 흘리시고 슬픔 중에 탄식하시며 친구들의 고통과 슬픔에 온전히 공감하셨다. 그러나 예수님은 놀라운 상담자(기묘자와 모사)이시기도 하다. 그 이름에 걸맞게 이제 우리는 그분 속에 있는 자상함과 엄격함, 긍휼과 직면하게 하심의 절묘한 균형을 만난다.

"이에 예수께서 다시 속으로 비통히 여기시며 무덤에 가시니 무덤이 굴이라 돌로 막았거늘 예수께서 이르시되 돌을 옮겨 놓으라 하시니"(요 11:38-39).

　여기 첨예하게 대조되면서도 힘 있게 조화를 이루는 것이 둘 있다. 예수님은 "속으로 비통히 여기시며", 즉 긍휼히 여기는 마음으로 무덤에 가셨다. 예수님은 "돌을 옮겨 놓으라"고 명하시며 사람들이 뭔가를 직면하게 하셨다. 얼핏 보기에 직면하게 하심과 긍휼은 상반되는 듯하지만 사실 그 둘은 예수님의 사역 기간에 있었던 많은 사건의 핵심이 되는 거대한 역설을 이룬다.

　"보라 네가 나았으니 더 심한 것이 생기지 않게 다시는 죄를 범하지 말라"(요 5:14). 베데스다 못가의 병자를 고쳐 주신 예수님은 그렇게 그에게 일침을 놓으셨다. 스스로 의인이라 여겼던 무리에게 돌로 맞을 뻔했던 간음한 여인을 향해 예수님은 "나도 너를 정죄하지 아니하노니"라고 너그러이 말씀하신 다음에 "가서 다시는 죄를 범하지 말라"는 명을 곧 덧붙이셨다(요 8:11). 우물가의 여인과 섬세하고도 애정 어린 대화를 나누신 예수님은 다음과 같은 말씀으로 그 여인의 문란한 생활을 들춰내셨다. "너에게 남편 다섯이 있었고 지금 있는 자도 네 남편이 아니니"(요 4:18).

　사실 이 두 가지 특성은 전혀 상반되지 않는다. 둘 다 그리스도의 사랑의 증거다. 눈물이 그분의 사랑을 보여 준다면, 직면하게 하심은 사랑의 깊이를 보여 준다. 앞서 말했듯 헬라인들은 아파테이아(apatheia), 즉 무감정이 신의 주요 특성이라 여겼고 따라서 신은 인간의 슬픔이나 고통을 함께 느낄 수 없다고 믿었다. 그러나 하나님께 우리의 슬픔을 위로할 사랑이 없다면, 우리 죄를 직면하게 할 사랑도 없을 것이다.

죄를 지적하는 엄한 사랑

우리는 예수님이 모든 사람을 사랑하셨고 특별히 제자들을 사랑하셨다는 것을 안다. 그러나 예수님이 특정 인물을 사랑하셨다는 표현은 성경에 단 세 번 나온다. 우리가 얘기하는 본문이 그중 하나다. 예수님은 베다니에 살고 있는, 그분이 자신의 가족이라고 여긴 마르다와 마리아와 나사로를 사랑하셨다. 또한 요한복음의 저자 요한은 종종 "예수의 사랑하시는 자"(요 13:23; 21:7, 20)로 지칭된다. 가족처럼 여기는 애정, 영적 친밀함에 바탕을 둔 이 두 경우는 그런대로 이해가 된다.

세 번째 사람은 경우가 다르다. 그는 예수님이 전에 만나 본 적 없는 사람이다. 예수님을 찾아와 영생에 대해 물었던 부자 청년 관원 말이다. 마가는 "예수께서 그를 보시고 사랑하사"라고 썼다. 패기 있는 인상, 뭔가를 추구하는 마음, 영적 잠재력을 본 예수님은 그를 사랑하셨다. 그러나 예수님은 그 사랑을 어떻게 표현하셨는가? 그의 좋은 자질을 칭찬하셨는가? 아니다. 이 청년이 갖추지 못한 점을 그 자리에서 지적하심으로 사랑을 표현하셨다. "네게 아직도 한 가지 부족한 것이 있으니 가서 네게 있는 것을 다 팔아 가난한 자들에게 주라 … 그리고 와서 나를 따르라"(막 10:21). 예수님은 그를 사랑하여 그의 말에 귀를 기울이셨다. 그를 너무도 사랑했기 때문에 듣기 좋은 말만 하실 수는 없었다. 책임을 직면하게 만들려다가 젊은이를 잃을 수도 있다. 하지만 그것을 각오하실 만큼 그를 사랑하셨다.

브레넌 매닝은 "예수님의 엄한 사랑"[1]에 대해 이야기했고, C. S. 루이스도 영적 스승인 조지 맥도널드에게서 빌려 온 '하나님의 냉정한 사랑'이라는 인상적 표현을 종종 사용했다. 행동으로 나타난 예수님의 사랑은 우리를 향하신 하나님의 사랑을 그대로 보여 준다. 인자와 긍휼이 풍성한 사랑이면서 동시에 거룩한 사랑이다. 상대의 심각한 도덕적 문제를 못 본 체 외면하는 사랑은 참된 아가페 사랑이 아니다. 그것은 알맹이 없는 사랑이다.

예수께서 사람들을 매우 긍휼히 여기면서도 무덤에 가서 돌을 옮겨 놓으라 명하셨던 것도 이런 엄한 사랑에서 왔다. 마르다는 그 명령이 가혹하고 무정하다고 느꼈다. 그러니 이의를 제기한 것이 자연스럽다. 사실 마르다는 예수님께 그 말씀대로 하지 않는 것이 좋겠다고 말한 셈이다. "주여 죽은 지가 나흘이 되었으매 벌써 냄새가 나나이다"(요 11:39). 물론 예수님도 명령하실 때 그 사실을 알고 계셨다. 그걸 알면서도 왜 그렇게 하라고 하셨을까? 대답은 너무나 분명하다. 돌을 옮겨야 나사로가 무덤에서 나올 수 있기 때문이다.

믿음으로 나아가는 이 자매의 여정에서 이번 단계는 전체 '기적'

가운데 일부로서 아주 큰 의미를 지닌다. 빛이 들리면 돌을 치워야 했다. 빛 없이는 진리도 없고 새 생명도 없다. 우리는 진리를 직면하지 않으려고, 빛이 밝혀 낼 사실을 보지 않으려고 온갖 방법을 동원해서 덮어 두려 한다. 돌이란 그 덮어 두는 방편을 의미한다. 우리는 돌을 치우는 일이 몹시 불쾌하고 고통스러운 과정임을 안다. 마르다처럼 말이다. 나는 고통에 떠는 수많은 '마르다'들이 내뱉는 이의를 내담 과정에서 숱하게 들었다. "그 문제는 말하고 싶지 않습니다. 상처를 헤집는 듯 아픕니다. 차라리 잊는 편이 나아요. 이 문제만은 그냥 덮어 두는 게 좋을 듯합니다. 뭔가를 바꾸고 나면 무슨 일이 생길 수도 있잖아요."

돌을 옮겨 빛이 들게 하다

성경 전체를 통틀어 빛과 생명은 늘 연결되어 있다. "그 안에 생명이 있었으니 이 생명은 사람들의 빛이라"(요 1:4). "나는 세상의 빛이니 나를 따르는 자는 어둠에 다니지 아니하고 생명의 빛을 얻으리라"(요 8:12). "너희가 전에는 어둠이더니 이제는 주 안에서 빛이라 빛의 자녀들처럼 행하라(살라)"(엡 5:8). 빛과 진리도 밀접한 관계가 있다. 진리를 보게 하고 진리에 반응하게 하며 그 결과로 새 생명을 누리게 만드는 것은 다름 아닌 빛이다.

성경에서 '빛'은 무슨 의미인가? 다행히 바울이 꽤 도움이 되는 좋은 정의를 내렸다. "무엇이든 눈에 보이게 만드는 것은 빛이기 때문에 빛을 비추면 모든 것이 보인다"(엡 5:13, NIV). 필립스 역은 한결 분명하게 옮겼다. "빛은 만물의 실체를 보여 줄 수 있다." 이렇듯 빛은 사물의 실체를 드러내거나 보여 준다.

한밤중에 낯선 방에 들어갔다고 상상해 보라. 깜깜한 어둠 속에서 전등 스위치를 찾는다. 더듬거리는 중에 손끝에 뭔가 닿는다. 식탁 같기도 하고 책상 모서리 같기도 하다. 드디어 스위치를 찾았다. 불을 켜는 순간, 아까 손에 닿았던 물체가 양쪽에 스피커가 달린 전축이라는 것을 안다. 이제야 실체를 정확히 안 것이다. 빛 때문에 가능한 일이다.

나는 인도에서 몇 가지 일을 겪은 후 성경의 이런 정의를 더욱 실감했다. 매해 우리는 숲속에서 열리는 대규모 수련회에 참석했다. 밤이 되어 모두 텐트로 들어가고 손전등마저 꺼지면 숲속은 칠흑같이 어두웠다. 한 여성이 심한 두통으로 잠에서 깼다. 곤히 잠든 다른 자매들을 깨우기 싫었다. 그래서 텐트에 달린 주머니를 가만가만 더듬어 무엇인가를 찾았다. 최근에 휴가차 갔던 미국에서 사 온 박하향 연고였다. 시원한 진통 효과가 있는 연고였기에 다시 잠을 청할 수 있도록 연고를 이마에 골고루 발랐다. 그런데 이게 웬일인가! 아침 햇살에 비친 그녀의 이마에는 박하향 치약이 엉겨 붙어 있었다. 잠에서 깬 사람들은 그녀를 보고 크게 웃었고, 본인은 또 얼마나 황당해했던지….

　같은 수련회에서 있었던 또 다른 사건은 웃을 일이 아니다. 밤이 되자 내 어머니와 아버지는 텐트 안에 들어가서 안전하게 모기장이 쳐진 간이침대에 누웠다. 잠귀가 밝은 어머니가 텐트 안에서 이상한 소리를 들었다. 어머니가 이미 잠든 아버지를 깨워 봤지만 아버지는 "길 잃은 개가 먹다 남은 음식이라도 찾는 모양이니 그냥 잡시다"라고 잠결에 말할 뿐이었다. 그러나 어머니의 끈질긴 채근에 못 이긴 아버지는 일어나 어두운 텐트를 손전등으로 살폈다. 웬걸, 개가 아니라 길이가 3미터나 되는 비단뱀이 두 침대 사이에 웅크리고 있었다. 아버지는 이런 비상시를 대비해 늘 곁에 두었던 보이스카우트 손도끼로 뱀을 잡았다. 잠이 확 달아난 것은 말할 것도 없다. 이번에도 상황을 드러내고 뱀의 실체를 보게 만든 것은 빛이었다.

　요한은 이렇게 말한다. "하나님은 빛이시라 그에게는 어둠이 조금도 없으시다"(요일 1:5). 그러므로 '돌을 옮겨 놓는다'는 것은 곧 "그가 빛 가운데 계신 것같이 우리도 빛 가운데 행하"자는 권면을 따라 사는 삶이다(요일 1:7). 이것이 가능하려면 삶의 어떤 영역도 '어두움 가운데' 숨기지 않겠다는 의식적 결단이 있어야 한다. 곧 우리 자신을 하나님의 빛에 온전히 열어 놓기로 다짐하는 것이다. 해롭지 않은 개인 줄 알았는데 위험한 뱀으로 밝혀진다면 하나님께 제거해 달라고 구하면 된다.

숨겨진 상처를 비추는 십자가의 빛

안타깝게도 나는 언제나 그 높은 이상에 이르지 못했다. 일부러 정반대로 행동한 적도 있다. 신학생 시절, 나는 주말 교회 사역 이외에 기혼자 기숙사 관리 업무도 했다. 아침 일찍부터 일이 시작되었기에 겨울에는 날이 밝기도 전에 움직여야 했다. 맨 위층부터 시작해서 쭉 내려오면서 복도며 화장실이며 각 층 계단을 청소해야 했다. 아래층 청소를 끝마칠 때쯤이면 기다란 복도의 동쪽 끝 창문으로 햇빛이 환히 쏟아지곤 했다. 그러면 제대로 닦이지 않은 창문의 먼지 자국이 밝은 햇살에 그대로 드러났다. 대개는 깨끗하게 다시 닦았지만 어쩌다 너무 피곤하다든가 시험공부나 숙제를 해야 할 때는 커튼을 쳐서 가려 버리기도 했다.

최근에 내 책을 읽었다는 어느 여성의 편지를 받았다. 그 여성은 성령께서 내 책을 통해 자기 마음에 빛을 비춰 주셨다고 했다. 그가 털어놓은 지난 이야기에는 자신의 죄와 다른 사람들의 죄가 뒤엉켜 있었다. 누구나 그렇듯이 말이다. 그는 모두 망각의 세계에 묻어 두고 살아왔는데, 중년에 겪은 비참한 사건이 예전의 그 일들을 고통스럽게 끄집어냈다.

그때 이 여성은 내 책을 읽으며 새로운 희망을 얻었다. 그러나 동시에 걷잡을 수 없는 두려움이 엄습해 왔다. 진실을 직면하기를 부정하고 거부하던 그 시절에 대해 그 여성은 이렇게 썼다. "저는 무작정 속으로 꾹꾹 누르고만 있었어요. 정말 지독할 정도로요. 그 많은 것을 다 끄집어내야 한다는 사실을 이제 겨우 깨달았어요. 그런데 속에 묻어 둔 것이 나올 때 잘 참을 수 있을지 모르겠어요." 그녀와는 반대로 지난날의 나는 무엇이든 밖으로 쏟아 놓는 사람이었다. 편지를 읽다 보니 그 시절이 생각났다.

마르다가 이의를 제기한 것이 십분 이해된다. 그 어두운 무덤 안쪽의 부패한 모습과 절망감을 왜 직면하기 싫어했는지 우리는 알고 있다. 마르다도 우리처럼 두려웠기 때문이다. 우리는 '뚜껑을 열면' 안으로 빛이 들면서 진실이 밝혀진다는 것을 안다. 밝혀질 진실이 더럽고 냄새나고 창피하면 어쩌나 두려워서 지레 겁을 먹고 그 돌을 그대로 두고 있다. 윌리엄 제임스가 "내면에 숨겨진 부패를 외부로 끌어냄"(exteriorizing the rottenness)[2]이라고 표현한 그 작업을 거부한다.

그리스도는 십자가에서 자신을 우리와 완전히 동일시하심으로써 우리의 기분을 온전히 이해하시고 우리와 함께 우시는 분이다. 문제는 우리가 고통과 두려움 때문에 그분을 잊는다는 데 있다. 우리 속을 열어 보일 때 우리에게 비치는 빛은 십자가의 빛이다. 우리의 모습이 최악에 달한 그 지점에서, 우리를 향한 하나님의 사랑은 최상에 다다른다. 십자가의 빛은 이 사실을 선명하게 보여 준다. 하나님이 우리를 향한 사랑을 포기하시려 했다면 벌써 오래전에 그만두셨을 것이다. 그분은 십자가에서 우리 최악의 모습을 보셨다.

하나님이 어두운 인생의 동굴과 무덤에 십자가의 빛을 비추시는 까닭은 인간에 대해 몰랐던 사실을 새롭게 알아내시려는 것이 아니다. 우리 자신이 모르고 있거나 알려고 하지 않던 모습을 우리에게 가르쳐 주시기 위해서다. 그래야 우리 인생의 그 숨겨진 상처에 하나님의 은혜와 사랑을 받아들일 수 있기 때문이다. 십자가는 하나님의 레이저 광선이다. 속을 들춰내고 때로 화상을 입히기도 하지만 목적은 언제나 치유다.

그러므로 우리는 더 이상 두려워할 필요가 없다. 하나님께서 모든 것을 '이미' 직면하셨기 때문에 우리도 모든 것을 '지금' 직면할 수 있다. 한때 나와 함께 강단에 섰던 스티브 하퍼 박사는 최근 설교에서 이런 말을 했다. "예수님의 손을 잡고 있으면 내가 저지른 최악의 범죄도, 최대의 실패도 똑바로 바라볼 수 있습니다." 맞는 말이다. 그분의 손에는 못 자국이 있기 때문이다. 그 못 자국은 그분을 십자가에 못 박히게 만든 우리, 바로 당신과 내가 입힌 상처다. 그 못 박힌 손이 있기 때문에 우리는 용기를 얻어 돌을 옮길 수 있다.

십자가에서 흘러나오는 광채

애즈베리신학교에서 30년 동안 상담하던 내가 내담자 자리 맞은편 벽에 걸어 둔 그림이 있다. 살바도르 달리가 그린 〈십자가에 달린 성 요한의 그리스도〉 대형 모사본이다. 십자가 장면 치고는 흔치 않은 그림이다. 이 그림은 십자가를 올려다보는 것이 아니라 마치 하나님의 눈으로 보듯 십자가를 내려다보고 있다. 그리고 온 세상을 굽어보듯 십자가가 크게 부각되어 있다. 힘 있고 강인하게 묘사된 예수님이 사방의 어두움을 등에 짊어지고 있다. 앞쪽으로는 그 십자가에서 흘러나오는 광채가 땅과 하늘과 바다를 온통 빛으로 물들이고 있다. 마치 온 세상을 그 빛을 통해 보고 있는 것 같다.

수년 동안, 내담자들이 막다른 골목에 도달한 것 같은 경우가 수없이 많았다. 타인이 그들에게 행한 폭행, 배반, 유기, 거부 같은 것에 대한 쓰라린 기억 때문에 앞으로 나아가지 못하는 경우가 있었다. 그런가 하면 자기가 지은 죄 때문에 죄책감과 수치심의 무거운 짐에 매이기도 했다. 대개는 이 둘이 복잡하게 뒤엉켜 있었다.

그런 지점에 도달하면 나는 늘 그림을 가리키며 잠시 함께 그림에 시선을 고정하자고 제안했다. "십자가를 묵상하라"는 옛 신비주의자들의 말처럼 이때 종종 짧은 침묵이 흐른다. 나는 그 장면의 의미와 메시지가 그들 마음에 가닿기만 한다면(if only) 상황이 달라질 수 있음을 알았다. 십자가의 빛 아래에서는 모든 것이 달리 보이기 때문이다. 그 빛 안에서 우리는 요한이 "은혜와 진리가 충만한"(요 1:14) 분으로 묘사한 그분을 가장 분명히 보게 된다. 그 빛 안에서 우리는 자신에 대한 진리, 자신을 향한 하나님의 은혜에 대한 진리도 분명히 보게 된다. "내 마음에 두려움을 알게 한 것도 은혜요 그 두려움을 가져간 것도 은혜라!"는 〈나 같은 죄인 살리신〉의 가사(영어 가사를 직역했음. — 옮긴이)가 그 빛 안에서 비로소 내 것으로 다가온다. 그림을 보고 그 빛을 깨닫게 되었을 때 막다른 골목이 열리고 치유의 전환점이 만들어진 경우가 얼마나 많았는지 모른다.

속사정을 제대로 알았더라면

성경에는 이런 전환점을 보여 주는 '만약 …만 했더라면'의 멋진 예들이 종종 나온다. 요한복음 4장에 등장하는 우물가의 여인 이야기보다 더 인상 깊은 예는 없을 것이다. 여기서 그리스도는 그분 특유의 긍휼과 직면하게 하심의 조화를 보여 주심은 물론이고 충격, 호기심 유발, 경청, 직간접적 질문 등을 고루 사용하신다. 그리스도인 상담가들에게 이 장면은 그 무한한 경지를 보여 주는 '위대한 상담가'의 고전적 연구 사례가 되고 있다. 그러나 지금 우리는 방법보다 메시지에 더 관심이 있다.

사마리아 여인의 삶은 도덕적, 영적 관점에서 볼 때 마르다의 삶과는 전혀 다르다. 하지만 성격적인 면을 보면 마르다와 비슷한 점이 몇 가지 있다. 예수님이 물을 달라고 하시자마자 톡 쏘아붙인 것으로 보아 이 여인 또한 아무 거리낌 없이 당당하게 할 말 다하는 성격이었다. 여인은 그것으로 대화가 끝난 줄 알았다. 그러나 예수님의 대답은 특정 물고기만 무는 미끼와 같았고 여인은 즉각 걸려든다.

"네가 그것만 알았더라면(if only)." 나이를 불문하고 사람들은 흥미로운 대화를 시작할 때면 이 미끼를 쓴다. 꼬마들은 "그거 알아?"라고 말하고, 십 대 청소년은 "그거 알고 싶지 않니?"라고 말한다. 성인들은 이렇게 말한다. "당신도 알면 좋은데…." 예수님의 "네가 만일 … 만 알았더라면"은 여인에게 효과가 있었다. 예수님이 마침내 자신을 메시아로 믿게 하는 지점까지 여인을 한 걸음 한 걸음 인도하시는 모습은 너무나 멋지다.

우선 이 여인에 대해 우리가 아는 사실부터 몇 가지 살펴본 다음 모르는 부분으로 넘어가자. 첫째, 누구나 다 아는 사실이 있으니 이 여인이 죄인이라는 점이다. 마을 사람들은 누구도 이 여인에 대해 서로 "당신도 알면 좋은데…"라고 말할 것이 없었다. 여인의 신상을 모두 다 알고 있기 때문이다. 이 여인은 그 동네에서 따돌림받는 사람이었고 부정한 여자로 소문이 자자했다. 토크쇼나 사생활 공개 프로그램이 생기기 훨씬 오래전부터 마을 우물가는 말하자면 동네 사랑방이었다. 말할 것도 없이 이 여자의 사생활은 누구나 아는 처지였다. 누구나 알기 때문에 차라리 다행이기도 했다. 나중에 이 여인이 예수를 전하게 되었을 때 사람들을 끌어모으는 것은 식은 죽 먹기였다. 이 여인의 삶에 찾아온 변화라면 그것이 무엇이든 온 마을의 이야깃거리가 되었다.

한편 이 여인은 자신만의 비밀이 있었다. 물론 예수님도 그 비밀을 알고 계셨지만 여인은 예수님이 아신다는 사실을 몰랐다. 이 여인은 자기가 행복하지 않다는 사실을 자기만 안다고 생각했다. 사람들은 이 여자가 행복한 줄 알았다. 겉으로는 행복해 보였기 때문이다. 어쨌든 여러 남자에게 많은 관심과 애정과 선물을 받지 않았던가. 신나고 멋있는 삶처럼 보였다. 그러나 예수님은 그 행복한 가면 뒤에 내적 공허와 채워지지 않는 삶, 깊은 갈증이 있음을 아셨다.

그들의 진정한 자아를 아는 특권을 내게 허락해 준 많은 내담자에게 나는 늘 고마움을 느낀다. 나는 겉모습만 보고 남을 판단하는 사람들을 꽤 자주 만난다. 그때마다 해 주고 싶은 말이 있다. "당신이 그 사람의 속사정을 제대로 알았더라면…."

릭의 속사정을 알았더라면. 릭은 자기 자랑만 늘어놓기 일쑤이고, 말 안 듣고 건방지고 눈치 빠른 '뺀질이' 사춘기 소년이다. 겉보기에는 신앙 같은 건 나 몰라라 하며 그저 까불고 여자애들 약 올리기나 좋아하는 아이일 뿐이다.

십 대 아이들은 부모의 확고한 '믿음'에 반기를 드는 것 말고는 달리 반항할 길이 없는 경우가 많다. 그러나 많은 그리스도인 부모들은 이 사실을 잘 이해하지 못한다. 하루는 릭이 나를 찾아와서는 한 주 동안 몸무게가 65킬로그램이나 빠졌다고 했다. 내가 놀란 표정을 짓자 릭은 웃으며 말했다. "실은 이번 주에 제 긴 머리를 깎았거든요. 아빠를 제 등덜미에서 떨쳐 냈어요." 그러나 릭의 속마음을 바로 안다면. 내게 털어놓은 이야기에 따르면, 릭은 스스로가 죽도록 싫어서 '사고를 당해' 죽기를 바라며 2차선 도로에서 과속 운전을 한 적이 많았다. 우리가 그 반항의 가면에 가려진 삶의 진실에 대한 깊은 갈증을 바로 알 수만 있다면.

샌디에 관한 진실을 알았더라면. 샌디는 짧은 치마와 깊이 파인 웃옷을 입고 화장을 짙게 했다. 아무한테나 눈길을 주고 까부는, 그야말로 남자에게 턱없이 쉬운 상대였다. 하지만 주말 파티가 끝나면 다량의 수면제를 먹고 울며 잠들어야 했던 샌디의 마음을 안다면. "목사님, 제 자신을 다 탕진해 버려서 이제 더 이상 남은 게 없는 것 같아요. 저와 교제할 괜찮은 남자 한 명만 있으면 되는데!" 샌디의 이런 고백을 들을 수만 있다면.

우리 교회의 그 깔끔하고 조용한 여자의 사연을 알았더라면. 이 여자는 "해야 할 것과 하지 말아야 할 것"에 집착하는 신앙생활을 하고 있었다. 증오로 가득 차거나 옹졸해질 때도 있었다. 사람들이 내게 말하기로는, 그 여자가 날카로운 말을 거침없이 하기 때문에 다들 그녀가 말싸움을 걸어올까 봐 두려워한다고 했다. 하지만 이 여성이 내게 한 말을 들을 수 있다면. "목사님, 저도 이러고 싶지 않아요. 제가 얼마나 미움을 사는지 알아요. 저도 이러는 제가 싫어요. 저는 하나님을 사랑해요. 그분을 기쁘시게 해 드리고 싶어요. 도대체 어디가 잘못된 거죠? 제가 왜 이러는 거예요?"

어떤 판사가 나를 찾아왔다. 냉정하고 엄격하여 판결 형량이 높기로 정평이 난 사람이다. 이 사람은 50세가 넘어서 한 가지 불편한 사실을 깨달았다. "사실 좀 더 이해심을 발휘하고 인정을 베풀 수 있는 재판도 많이 있었습니다. 그때 그 사실을 알았으면 좋았을 텐데." 그의 고백이다. 무엇이 이 사람을 흔들어 놓았을까? 자기 입으로 선고한 중형을 받을 만한 죄를 자신도 범할 수 있었다는 사실을 하나님께서 보여 주신 것이다. 다만 차이가 있다면 그의 인생에는 그럴 기회가 없었다는 것뿐이다. "저도 악을 행할 수 있고 죄를 지을 수 있다는 사실에 이제야 눈떴습니다. 그걸 알고 나니 정말 두렵습니다. 그동안 하나님은 제게 정말 좋은 분이셨습니다. 그런데 저는 그것을 전혀 몰랐습니다." 그의 이 말을 나는 결코 잊지 못할 것이다. 이 새로운 인식을 통해 그는 자신에게 구주가 필요하다는 것을 절감했다.

우리가 제대로 알기만 한다면…. 예수님은 사마리아 여인이 현재의 삶에 행복하지 않다는 것을 아셨다. 다행히 이 상황에서 예수님만 아는 사실이 있다. 사람들도 몰랐고 여인도 몰랐으나 오직 예수님만 아시는 일이 있다. 곧 그녀가 더 이상 그렇게 살지 않아도 된다는 것이다. 예수님은 이 여인이 변화될 수 있으며 새로운 삶을 살 수 있음을 아셨다. 그녀 자신이 실제로 어떤 사람인지, 예수님이 실제로 어떤 분이신지를 바로 알기만 한다면(if only) 말이다. 찬송가 작사자 패니 크로스비(Fanny Crosby)는 앞을 전혀 보지 못하는 시각장애인이었다. 그러나 고달픈 인생에도 변화가 일어날 수 있음을 그녀는 똑똑히 보았다. 그녀가 작사한 여러 사랑받는 찬송가 가운데 하나인 〈저 죽어 가는 자 다 구원하고〉(새찬송가 498장)에는 통찰력 있고 아름다운 노랫말이 있다(영어 가사를 직역했음. ─ 옮긴이).

마귀에 짓밟혀 억눌린 심령, 은혜로 다시금 살리시네
사랑과 자비로 잠 깨우시니 잃었던 노래를 찾았도다
저 죽어가는 자 예수를 믿어 그 은혜 힘입어 다 살겠네[3]

새로운 삶으로 인도하는 빛

이 이야기의 놀라운 결말을 우리는 다 알고 있다. 예수는 누구인가? 나는 누구인가? 생수는 무엇인가? 이것은 인생을 변화시키는 놀라운 세 가지 진리다. 세 가지 진리를 깨닫는 지점까지 예수께서 이 여인을 한 걸음 한 걸음 이끌어 가시는 놀라운 과정을 다시 한 번 살펴보고자 한다.

이 여인의 신앙 여정은 우물가에서 만난 이 범상치 않은 남자에 대한 자각과 인식이 깊어지는 과정이라 할 수 있다. 사실 처음 이 여인은 중립적 위치가 아니라 대화 자체를 무시할 만큼 극도로 부정적 입장에 서 있었다. "당신은 유대인으로서." 요한은 이 말이 철저히 편견에서 나왔다고 설명했다. "이는 유대인이 사마리아인과 상종하지 아니함이러라"(요 4:9). 예수께서 생수를 주시겠다고 하자 여인은 약간 우호적으로 돌아섰다. "주여(Sir)…." 그러나 거기서 한 걸음 더 내딛는 것은 예수께서 그 여인의 가면을 벗기고 빛이 들게 하여 여인이 현재의 죄 많은 삶을 솔직히 인정한 후에 가능했다. 예수님에 대한 여자의 평가는 좀 더 높아진다. "주여 내가 보니 선지자로소이다."

그래도 아직 준비가 덜 되었다. 우리와 다를 바 없이 이 여인도 신학 논쟁으로 들어간다. 자신이 단순한 지식이 아니라 뭔가 다른 것을 진정으로 원하고 있음을 숨기기 위해서다. 예수님은 그 질문을 받아 주셨고, 믿음의 사다리 그다음 칸으로 인도하신다. 여인은 이번에는 "메시야 곧 그리스도"라는 용어를 사용한다. 그러자 예수님은 바로 자신이 그리스도요 생수의 원천임을 밝히신다. 마침내 여인은 구원이란 하나님이 주시는 '선물'임을 깨닫는다.

재미있게도 성령께서는 자기 발견과 예수 발견, 이 둘을 한 번에 일으키시는 경우가 많다. 내가 죄인이라는 사실을 깨달으면 예수님이 우리에게 구원의 선물을 거저 주시는 구주라는 사실도 깨닫는다. 물동이를 버려둘 정도로 흥분하여 급히 마을로 달려간 점을 보면 이 여자도 모든 사실을 한순간에 깨달은 듯하다. 사실 그것은 전통적인 동방의 여인이 할 만한 행동은 아니었다. 마을로 달려간 여인은 사람들에게 큰 소리로 외쳤다. "내가 행한 모든 일을 내게 말한 사람을 와서 보라 이는 그리스도가 아니냐"(요 4:29). 이 여자의 예수 발견으로 많은 사람이 믿음을 갖게 되었다.

> "여자의 말이 내가 행한 모든 것을 그가 내게 말하였다 증언하므로 그 동네 중에 많은 사마리아인이 예수를 믿는지라 사마리아인들이 예수께 와서 자기들과 함께 유하시기를 청하니 거기서 이틀을 유

하시매 예수의 말씀으로 말미암아 믿는 자가 더욱 많아 그 여자에게 말하되 이제 우리가 믿는 것은 네 말로 인함이 아니니 이는 우리가 친히 듣고 그가 참으로 세상의 구주신 줄 앎이라 하였더라"(요 4:39-42).

이것이 빛이 들어와 진실이 밝혀질 때 일어나는 일이다. 그렇게 될 때에만 새로운 삶이 가능하다. 예수님이 마르다에게, 우리 모두에게 이런 엄명을 내리시는 것도 바로 이 때문이다. "돌을 옮겨 놓으라."

❝
주여…
벌써 냄새가 나나이다
(요 11:39)

❞

6.
고통스러운 과거를 재구성하다

자기혐오에 빠진 나를

사랑으로

건지시는 하나님

이제 우리 마음속을 들여다보아야 한다. 믿음과 새로운 삶을 향한 진보를 가로막는 '만약 …만 했더라면'이 거기 숨어 있지 않은지 살펴보아야 한다. '만약 …만 했더라면'은 여러 형태의 책임 회피로 나타날 수 있다. 우선 6장에서는 과거에 대한 집착, 과거에 대한 동경, 자기혐오에 대해 살펴보겠다. 다음 장에서는 변명, 불순종, 비현실적 바람 등을 살펴보려 한다.

요한은 나사로의 무덤을 '돌로 막아 놓은 굴'로 표현했다. 그렇다면 마르다와 마리아가 예수님의 말씀을 따라 돌을 치워 빛이 든 뒤에도 여전히 어둠침침한 부분이 내부에 있었을 것이다.

우리 마음속의 어두운 부분을 들여다볼 때 도움이 되는 의미심장한 말씀이 있다. "내가 혹시 말하기를 흑암이 반드시 나를 덮고 나를 두른 빛은 밤이 되리라 할지라도 주에게서는 흑암이 숨기지 못하며 밤이 낮과 같이 비추이나니 주에게는 흑암과 빛이 같음이니이다"(시 139:11-12).

다윗은 우리가 모태에서 잉태되는 순간부터 하나님께서 우리를 보셨고, 그래서 우리의 모든 것을 아신다는 이야기로 이 시를 시작한다(시 139:1-9, 13-18). 우리의 어두운 부분까지도 다 아시는 전지하심에도 불구하고 하나님은 여전히 깊은 사랑으로 우리를 품으시고 돌보신다. 그러므로 우리는 아무리 두려울지라도 용기를 내어 어두운 굴 속을 들여다보며 다윗과 함께 이렇게 기도할 수 있다. "하나님이여 나를 살피사 내 마음을 아시며 나를 시험하사 내 뜻을 아옵소서 내게 무슨 악한 행위가 있나 보시고 나를 영원한 길로 인도하소서"(시 139:23-24). 성경에는 과거를 돌아보는 '만약 …만 했더라면'이 세 가지 형태로 나온다. 지금부터 그 세 가지를 보면서 자신의 내면을 살펴보자.

1) 과거에 대한 집착

사역 초기에 샬린이 정서적, 신앙적 문제로 상담을 하러 왔다.

샬린은 한 치 앞도 예측하기 어려운 극도의 역기능 가정에서 온갖 학대를 받으며 자란 여학생이었다. 설상가상으로 그런 학대 행위에는 겉만 번지르르한 율법주의적 기독교가 섞여 있었다. 그에게 기독교 율법주의는 그 자체로 종교적 학대였다. 샬린이 받은 상처는 너무나 깊었고 그만큼 증오와 복수심도 컸다. 수개월 동안 상담을 거듭하며 길고 긴 '만약 …만 했더라면' 목록을 하나하나 정리해 나가자 꾸준히 진전이 있었다. 샬린이 짊어진 정서적 고통은 엄청났다. 용서해야 할 것도 많고 용서받아야 할 것도 많았다.

과거를 버리고 그리스도 안에서 새로운 삶을 시작하기를 지금껏 마다한 자신의 태도에 대해 샬린이 중대한 결단을 내릴 준비가 됐다고 여겨지는 때가 왔다. 우리는 상담실에 앉아서 같이 기도하는 시간을 가졌다. 용서할 수 있도록 은혜를 구하는 샬린의 기도에서 너무나 고통스러운 기억들과 씨름하고 있음이 그대로 느껴졌다. 샬린은 갑자기 기도를 멈추었다. 그리고 벌떡 일어나 벽 쪽으로 가더니 창밖을 내다보며 흐느끼기 시작했다. 나는 그간 수없이 보았던 변화의 기적이 일어나도록 속으로 기도하며 기다렸다. 샬린은 나를 돌아보며 쓰디쓴 슬픔을 못 이기고 말했다. "포기할 수 없어요. 죄송해요. 이 분한 마음을 절대 포기할 수 없어요. 포기할 수 없어요. 나한테 남은 거라곤 그것밖에 없어요!"

샬린은 그 후 다시 나를 찾아왔다. 우리는 상담을 다시 시작했고 샬린의 요청에 따라 함께 기도하려 했다. 그리고 똑같은 일이 일어났다. 샬린은 세 번째로 나를 찾아왔다. 우리는 함께 기도하려 했지만 이번에도 똑같은 말로 끝나고 말았다. "포기할 수 없어요. 나한테 남은 거라곤 그것밖에 없어요!" 그 뒤로 샬린은 나를 찾아오지 않았다. 샬린은 그해 졸업을 했고 그와 동시에 연락이 끊겼다. 애즈베리 사역 기간 동안 알게 되었던 수많은 학생들 속으로 사라져 버리고 만 것이다.

그로부터 7년 후, 다른 지역에 있는 교회에서 주일 아침 설교를 한 적이 있다. 예배가 끝나자 한 여성이 앞으로 나오더니 내게 인사를 했다. 샬린이라고 이름을 밝힌 그 여성은 대학 시절 자기와 나눈 이야기가 기억나는지 물었다. 내가 기억한다고 하자, 샬린은 한동안 말이 없더니 눈물을 흘리기 시작했다. 샬린은 몹시 고통스럽게 말했다. "목사님, 이혼을 두 번 하고 신경쇠약까지 걸리고 보니 정말 그때 포기했어야 했다는 생각이 들어요." 그러고는 내가 대답할 겨를도 없이 홱 돌아서서 나가 버렸다. 그 뒤로는 샬린을 다시 만나지도, 소식을 듣지도 못했다.

샬린은 왜 그렇게 되었을까? 말할 것도 없이 이 끝없는 고통은 자기한테 깊은 상처를 입힌 사람들을 용서하기를 거부하는 데 근본 원인이 있다. 남을 용서하지 않는 마음 때문에 우리를 향하신 하나님의 은혜와 용서의 다리가 끊어진다는 사실을 예수님은 너무나 분명하게 몇 번이나 반복해서 말씀해 주셨다. "너희가 사람의 잘못을 용서하면 너희 하늘 아버지께서도 너희 잘못을 용서하시려니와 너희가 사람의 잘못을 용서하지 아니하면 너희 아버지께서도 너희 잘못을 용서하지 아니하시리라"(마 6:14-15).

그러나 샬린의 경우에는 용서하기를 거부한 결과가 훨씬 심각했다. 과거의 상처에 집착하면서 책임을 전가하는 '만약 …만 했더라면'이 샬린의 성격 구조에서 핵심을 이루었다. 삶이 이것을 중심으로 이루어지다 보니 결국 피해의식이 정체성의 기초가 되고 말았다. "나한테 남은 거라곤 그것밖에 없어요." 다른 말로 하자면 이런 뜻이다. "그게 내 정체성의 전부예요. 그게 바로 나예요. 내가 아는 나 자신은 그것 말고는 없어요. 그걸 포기하고 나면 내가 어떻게 될지 몰라요. 존재 자체가 흔들릴 정도예요. 그것이 나를 파멸로 몰아넣고 있다는 건 알지만 그래도 내 자아를 잃어버릴지 모르는 위험을 감수할 수는 없어요. 그게 바로 나예요!"

고통스러운 기억 처리법

샬린의 사례는 앞에서도 얘기했던 그리스도의 자비와 엄하심이 모두 필요하다는 사실을 잘 보여 준다. 인간의 정서적, 영적 문제는 우리 인성의 지하실에 묻힌 건강하지 못하고 파괴적인 경험에서 비롯되는 것들이 많다. 많은 경우에 우리는 그런 사건들을 토양 삼아 상한 감정의 씨앗을 뿌린다. 성인이 되면서 그 씨앗은 점점 자라 인생 전반에 대응하는 방식을 망치고, 하나님과 자신과 타인을 대하는 관계까지 병들게 만든다. 이러한 성장기 경험은 떨쳐 내기가 참으로 어렵다. 그래서 내적 치유를 위한 특별 상담과 기도가 필요할 때가 많다. 예수님은 어린아이들을 함부로 대하여 '소자들'(little ones)을 실족하게 하는 사람들에게 엄하게 말씀하셨다.

어두운 비밀들을 하나님의 이해하심과 사랑과 은혜라는 치유의 빛을 피해 숨기려 할 때 문제는 더욱 악화된다. 물론 인성의 숨겨진 부분을 들추어내고 온갖 정서적 불안과 영적 결함이 쏟 물처럼 솟아 나는 근원을 찾아내려면 커다란 고통이 따른다. 과거 회상이란 단지 일어난 사건에 대한 기억에서 그치는 것이 아니다. 그 사건을 둘러싼 모든 감정까지 다시 경험하게 된다. 상담 및 회복을 통해 가슴 아픈 과거를 떨치고 하나님의 섭리에 비추어 과거를 재구성할 때, 우리는 건강하지 못한 성격 구조를 재설정하는 법을 배울 수 있다. 그 이후에 하나님의 은혜에 힘입어 정서적, 영적 온전함을 향한 길로 가게 된다.

많은 경우, 충분한 자기 성찰(introspection)과 회고(retrospection)가 이 과정의 핵심이다. 성경적 관점에서 볼 때 '기억'은 양심에서 아주 중요하다. 그것은 필요를 인식하게 만들며, 회개와 갱신, 치유와 회복 등을 일깨운다. 나는 세심한 주의가 필요한 이 과정을 이른바 네 가지 법칙, 세 가지 단계, 두 가지 축복, 한 가지 은사 등 고정된 영적 체계로 전환시킬 수 없음을, 목사로서 깨달았다. 또한 이 과정을 미리 결정해 둔 상담 방식에 억지로 끼워 맞출 수 없음을, 상담가로서 깨달았다. 사람마다 타고난 반응 속도가 다르고 하나님이 각 사람에게 기대하시는 속도도 다르다. 상담가들이 두 가지 모두에 민감해지는 법을 배우는 길은 세심한 경청과 기도를 통한 분별뿐이다. 나는 치유에는 고비(crisis)와 과정(process)이라는 두 가지 요소가 함께 수반된다는 사실을 책을 쓸 때마다 강조해 왔다.

이런 행동을 취하는 과정에서 빼놓을 수 없는 한 가지가 있다. 바로 균형 감각이다. 성경은 어떤 회고는 건강하지 못할 뿐 아니라 악한 태도라고 말한다. 또 한없이 질질 끄는 회고의 위험한 결과도 경고한다. '만약 …만 했더라면'을 되뇌며 고집스럽게 뒤만 돌아본다면 그것이 생활양식으로 영원히 굳어질 수도 있다.

여기에 대한 가장 흥미로운 성경 예화는, 창세기 19장 15-26절을 배경으로 "롯의 처를 기억하라"(눅 17:32)고 말씀하신 예수님의 경고에서 찾아볼 수 있다. 소돔과 고모라를 멸하려 하실 때 하나님은 롯에게 특별히 사자를 보내어 말씀하셨다. " 도망하여 생명을 보존하라 돌아보거나 들에 머물지 말고 산으로 도망하여…"(창 19:17). 그리고 롯이 임박한 심판, 즉 두 도시의 멸망을 피해 달아나는 이야기가 이어지다가 결정적인 말씀이 나온다. "롯의 아내는 뒤를 돌아보았으므로 소금 기둥이 되었더라"(창 19:26).

피해의식을 벗어난 새로운 피조물

돌아보기를 그만두고 내다보기로 전환해야 하는 중대한 결단의 시점이 상담 과정에 있다. 전환하지 않으면 우리도 정서적, 영적 소금 기둥에 깔린 과거의 포로가 되고 만다.[1] 내다보지 않으면 본래 있던 고통스럽고 해로운 사건들이 성장 과정에 슬그머니 들어와 제멋대로 행세하고 다닐 수도 있다. 거기에 우리의 상상이라는 양분과 공포라는 비료, 욕망의 부채질이 더해져 나중에는 아예 우리 존재 전체를 좀먹게 된다. 그런 상황이 되면 이제 우리가 다루는 문제는 더 이상 과거에 일어난 사건이 아니다. 하나의 실체로 지속되는 현재의 일부가 된 것이다. 더 나아가 미래에까지 투사되리라는 것도 불 보듯 뻔하다.

이렇게 끝 모르는 '만약 …만 했더라면'은 심리적으로나 영적으로나 더 이상 가치가 없다. 옛사람들은 이를 두고 '부질없는 후회'라 부르기도 했다. 세월이 흐르며 후회는 점점 '내 것'으로 굳어지고 이것은 우리를 옥죄며 숨 막히게 만들 뿐이다. 결국 우리는 자신에게 판사가 되고 자신이 만든 감옥에 자신을 가둔 다음 스스로 간수 노릇까지 하게 된다. 마치 달팽이가 껍질을 달고 다니듯 과거를 뒤집어쓰고 다니는 것이다. 그 결과 성장은 지체되고 우리는 그리스도 안에서 제 역량을 발휘할 수 없게 된다.

피해의식은 이렇게 자기 정체성과 자기 존중감, 자존감의 기초가 된다. 책임을 전가하면서 '만약 …만 했더라면'에 집착한다면, 다른 사람들의 죄 때문에 자신이 피해자가 되었던 그 상황을 가져와서 사건이나 사고에 그칠 일을 아예 자기 성격의 본질로 삼게 된다. 과거의 사건이 더 이상 '내게 일어난 일'이 아니라 '나 자신'이 되고 만다.

이렇게 하면 과거에게 우리를 좌지우지하는 힘을 내주는 것이다. 성경은 과거에는 그런 힘이 없다고 말하는 데도 말이다. "우리를 거스르고 불리하게 하는 법조문으로 쓴 증서를 지우시고 제하여 버리사 십자가에 못 박으시고 통치자들과 권세들을 무력화하여 드러내어 구경거리로 삼으시고 십자가로 그들을 이기셨느니라"(골 2:14-15).

그러므로 자신의 죄든 타인의 죄든, 우리는 더 이상 그 죄의 피해자가 될 필요가 없으며, 죄가 우리의 정체성을 결정하도록 허락할 필요도 없다. 우리에게는 옛 정체성에서 벗어나 그리스도 안에서 '새로운 피조물'이 될 수 있다는 확신이 있다(고후 5:17). 우리의 존재는 더 이상 과거에 있었던 자신의 행위나 타인의 행위에 근거를 두지 않는다. 이제 우리의 존재 근거는 우리가 누구에게 속했고, 그분이 우리를 어떻게 생각하시느냐에 있다. 하나님의 말씀에는 우리의 존재가 너무나 분명히 밝혀져 있다. "보라 아버지께서 어떠한 사랑을 우리에게 베푸사 하나님의 자녀라 일컬음을 받게 하셨는가, 우리가 그러하도다 … 우리가 지금은 하나님의 자녀라…"(요일 3:1-2).

최근에 나는 편지 한 통을 받았다. 지금까지 이야기한 내용이 잘 예시되어 있기에 그 편지를 일부 소개하고자 한다.

> 저는 오랫동안 과거의 상처와 죄책감에 집착해 왔습니다. 너무나 고통스러운 이혼과 그 이전에 있었던 다른 상처들 때문입니다.
> 이번이 두 번째 결혼인데, 저와 남편은 우리에게 치유가 필요하다는 사실을 알고 있었습니다. 점진적인 과정을 통해 조금씩 치유되어 오다가 이번 수련회가 우리 둘 모두에게 전환점이 되었습니다. 치유가 필요한 사람들은 일어나 기도하라는 목사님의 말씀에 우리는 일어섰습니다. 그리고 둘 다 치유하시는 하나님의 임재를 강하게 느꼈습니다.
> 이틀 후, 저는 놀라운 꿈을 꾸었습니다. 사람들이 길게 줄을 서 있는데 저도 거기 있었습니다. 사람들이 순서대로 나아가면, 그 앞에 서 있던 사람이 사람들의 손을 받침대에 대고 손바닥에 못을 박았습니다. 사람들은 저마다 아픈 손에 반창고를 붙인 채 방을 서성거렸습니다. 그런데 갑자기 예수님이 나타나셨고, 언제든 우리가 손을 내밀기만 하면 못을 빼 주고 상처를 낫게 해 주겠다고 하셨습니다. 언제 마음을 먹고 손을 내밀지는 각자 결단해야 한다고도 하셨습니다. 나는 못을 빼고 낫게 해 달라고 예수님께 요청했습니다. 너무너무 아플 것 같아 잔뜩 겁을 먹었는데 조금도 아프지 않았고 저절로 빠져 나가듯 못이 빠졌습니다. 상처는 즉시 나았습니다.
> 꿈은 거기서 끝났습니다. 잠에서 깨어난 저는 깨달았습니다. 제가

과거의 모든 상처를 털어 버렸고, 마음을 활짝 열고 그분의 치유하시는 은혜를 온전히 받아들였다는 것을 말입니다. 하나님은 고통 가운데 있는 사람들을 섬기는 일에 저희 부부를 이미 사용하기 시작하셨습니다.

2) 과거를 동경함

성경에서 뒤를 돌아본 가장 유명한 사건은 단연 모세와 아론을 향해 원망을 일삼던 이스라엘 백성의 기사다.

"이스라엘 온 회중이 그 광야에서 모세와 아론을 원망하여 이스라엘 자손이 그들에게 이르되 우리가 애굽 땅에서 고기 가마 곁에 앉아 있던 때와 떡을 배불리 먹던 때에 여호와의 손에 죽었더라면(if only) 좋았을 것을 너희가 이 광야로 우리를 인도해 내어 이 온 회중으로 주려 죽게 하는도다"(출 16:2-3).

이것은 이스라엘 백성이 지도자들과 하나님을 향해 '만약 …만 했더라면'을 외치던 여러 사건 가운데 하나일 뿐이다. 첫 번째 사건은 홍해를 앞두고 바로의 군대가 뒤쫓아 오는 것을 보았을 때였다(출 14:10-14). 두 번째는 위의 사건이다. 세 번째 사건은 르비딤(므리바)에서 물이 떨어졌을 때였다(출 17:1-3). 이 사건은 민수기 20장 3-5절에도 기록되어 있는데 백성들은 이렇게 말한다. "우리 형제들이 여호와 앞에서 죽을 때에 우리도 죽었더라면(if only) 좋을 뻔하였도다 … 너희가 어찌하여 우리를 애굽에서 나오게 하여 이 나쁜 곳으로 인도하였느냐 이곳에는 파종할 곳이 없고 무화과도 없고 포도도 없고 석류도 없고 마실 물도 없도다."

몇 세기 후 예레미야는 하나님이 기적적으로 구원해 주셨음에도 그분을 대적하여 원망한 이들에 대해 이렇게 말한다. "그들이 순종하지 아니하며 귀를 기울이지도 아니하고 자신들의 악한 마음의 꾀와 완악한 대로 행하여 그 등을 내게로 돌리고(backward, 뒤를 향하고) 그 얼굴을 향하지(forward, 앞을 향하지) 아니하였으며"(렘 7:24, 영어는 NIV).

동경과 욕망의 '만약'

원망이나 불평을 뜻하는 '다툼'은 이스라엘 백성과 관련하여 스무 번 쓰였고 복음서에는 여덟 번 등장한다. 바울도 구약 시대의 사건을 지적하며 우리에게 경고한다. "우리는 그들과 같이 [주를] 시험하지 말자 그들 가운데 어떤 사람들이 원망하다가 멸망시키는 자에게 멸망하였나니 너희는 그들과 같이 원망하지 말라"(고전 10:9-10).

예수님의 제자가 되고 싶으나 그전에 먼저 집에 다녀오겠다고 말한 사람이 있었다. 예레미야와 바울의 말을 들으니 이 사람에게 하셨던 예수님의 엄하신 말씀이 생각난다. "손에 쟁기를 잡고 뒤를 돌아보는 자는 하나님의 나라에 합당하지 아니하니라"(눅 9:62). 뒤를 돌아보는 사람이 쟁기질을 똑바로 할 수 없다는 것은 분명하다. 그러나 예수님의 말씀에는 또 다른 의미가 함축되어 있다. 뒤를 돌아보는 자는 결국 뒤로 돌아가게 되고 거기 눌러앉기 쉽다는 말이다.

출애굽 경험에 대한 바울의 우화적 해석에서 중요한 심리학적 진리를 발견할 수 있다. 바울은 그 사건 속에 당시 역사적 상황을 훌쩍 뛰어넘는 깊은 의미가 있다고 말한다. "이러한 일은 우리의 본보기가 되어 우리로 하여금 그들이 악을 즐겨한 것같이 즐겨하는 자가 되지 않게 하려 함이니 / 그들에게 일어난 이런 일은 본보기가 되고 또한 말세를 만난 우리를 깨우치기 위하여 기록되었느니라"(고전 10:6, 11).

성경 기자들은 이런 욕망의 '만약 …만 했더라면'이 아주 위험하다고 본다. 감사가 멎고 불평이 시작될 때 동경과 욕망이 들어오기 쉽다. 즉 광야 생활의 시련과 제자 된 삶의 필수 훈련을 생각할 때, 찬양을 멈추고 하나님이 우리를 구해 내신 그곳으로 되돌아가고 싶은 마음이 들기 시작한다.

이스라엘 백성이 이러했다. 하나님이 광야 훈련을 진행하시는 동안, 이들은 애굽 상전들의 잔인함과 살을 찢는 듯한 채찍의 고통,

덜그럭거리는 쇠사슬 소리를 까맣게 잊었다. 그들은 좋은 일만 골라서 기억했다. 그들은 자유의 고통을 받아들이기보다 잘 먹는 노예가 되는 편이 낫다고 생각했다. 하나님은 홍해를 가르셔서 그들을 뒤쫓는 바로의 군대로부터 벗어나게 해 주셨고, 만나와 메추라기로 먹이셨으며, 반석에서 물이 나게 하셨다. 그러나 그들은 하나님이 행하신 놀라운 기적에 더 이상 감사하지 않았다. 그들은 낮에는 구름 기둥으로 보호하시고 밤에는 불기둥으로 인도하셨던 하나님을 잊었다. 하나님의 거룩하신 임재와 일용할 양식 주심은 잊은 채 환상 속의 과거를 동경하고 욕망을 품었다. 이런 욕망의 '만약 …만 했더라면'은 자연히 현재에 대한 불평을 낳는다.

왜곡된 기억과 결별하라

그리스도인들을 상담하다 보면 왜곡된 기억이 그대로 존재할 위험성이 있음을 깨닫곤 한다. "처음부터 거짓말쟁이요" 궁극적 기만자인 사탄은 우리의 기억을 자극해서 상상이라는 벽을 과거라는 저급한 벽지로 바르려 한다. 그렇게 온 벽을 현실과 거리가 먼 색깔로 입혀 버리고는 과거의 공허함과 죄책감과 파괴적 결과를 망각하게 만든다. 쾌락과 성공만 부각시키고 실패는 기억 속에서 사라지게 만드는 것이다.

어렸을 때 나는 가끔 양초를 가지고 놀았다. 양초에 불을 붙여서 잠시 놔둔 다음 살짝 끈다. 초에서 연기가 피어오르면 다시 성냥을 켜서 그 연기를 통해 심지에 다시 불을 붙여 보곤 했다. 심지에서 얼마나 떨어져 있어도 불이 붙을 수 있는지 시험한 것이다. 어떤 때는 3-5센티미터 거리에서 성공하기도 했다.

동경의 눈빛으로 뒤를 돌아보며 놀다 보면 욕망과 정욕의 불씨에 금세 다시 불이 붙을 수 있다. 이것은 포르노, 관음증, 성인용 비디오 등 모든 종류의 성적 부도덕에 그대로 적용된다. 한편 우리가 '중독'이나 '강박'과 연결해서 말하는 수많은 잘못된 우선순위 대상과 우상, 즉 음식, 일, 성공, 도박, 쇼핑 같은 것도 마찬가지다. 이런 게임에서는 대개 사탄이 이긴다고 성경은 경고한다. 그래서 바울은 이렇게 말한다. "악을 미워하고 선에 속하라 / 악에게 지지 말고 선으로 악을 이기라"(롬 12:9, 21).

불평을 멈추고 감사하라

하나님은 장래 목사가 될 사람들을 섬길 수 있는 놀라운 특권을 나에게 주셨다. 애즈베리신학교 재직 당시, '만약 …만 했더라면'이라는 말로 과거를 동경하면서 상담하러 오는 남편 또는 아내가 많았다. 대개 이들은 말씀을 전하라는 소명을 인생 후반기에 받고 신학교에 온 나이 든 학생들이었다. 사실 큰 대가를 치러야 하는 결단이다. 좋은 집과 좋은 직장을 버려야 하기 때문이다. 처음에는 방향 전환이라는 기쁨이 있지만, 그 기쁨이 사라지면 돈 문제, 집 문제, 고독, 오랫동안 학교를 떠났다가 다시 공부하는 어려움 등을 겪으면서 그야말로 고난의 광야에 선 자신을 보게 된다. 자녀들은 전에 다니던 학교가 훨씬 좋았다고 하고, 배우자는 그곳에 두고 온 이웃들이며 친구들 이야기를 계속 해댄다. 남편도 아내도 지난 시절 먹었던 포도와 석류가 그리워진다. 물론 그들의 광야 생활에는 최고의 시련이 남아 있다. 바로 헬라어 과목이다. 머지않아 그들은 '뒤를 돌아보게' 되고, '만약 …만 했더라면'이라는 말을 절로 내뱉을 것이다.

물론 성격이나 부부 관계, 자녀 양육 등 상담 시간에 꼭 다루어야 하는 문제를 간과한다면 그 문제를 지나치게 단순하게 여기기 때문일 수도 있다. 그러나 많은 경우에 광야 시절의 어려움과 우울함에 대한 궁극적 치유는 대개 '만약 …만 했더라면'이라는 불평을 멈추고 다시 찬양하는 데 있었다. 그리하여 이들은 '구원의 즐거움을 회복시켜' 주실 것과 감사의 마음을 새로이 주실 것을 하나님께 기도하곤 했다. 그리고 나면 으레 상황은 달라지기 시작했다. 돌아보면 돌아볼수록 하나님이 자기들을 여기까지 기적적으로 인도해 오셨고, 그 공허한 중년기에 미국의 물질주의적 생활에서 건져 내셨으며, 악한 상전들의 종노릇에서 구해 주셨음을 새삼 되새기게 되었다. 이런 증거들로 인하여 그들은 하나님이 모든 필요를 계속 채워 주시리라는 확신을 얻었다.

오랜 세월 동안 나는 빌립보서 3장 13-14절에 기록된 바울의 위대한 경고를 사람들이 오용하는 모습을 수도 없이 보았다. 상담이 필요 없다고 주장하는 사람들이 특히 더 그러했다. 그들의 주장에 따르면, 과거와 그 상처에 관해 생각하는 것은 잘못이며 상한 감정이나 괴로운 기억은 그리스도를 구주로 알게 되면서 자동적으로 처리되기 때문에 치유는 전혀 필요하지 않다. 이들은 "뒤에 있는 것은 잊어버리고"라는 바울의 충고를 어김없이 인용하곤 한다. 그러나 바울이 자신의 과거에 대해 강한 감정을 가지고 글을 쓴다는 사실은 종종 간과한다. 사실 이 구절 바로 앞에 바울이 자신의 과거를 기록해 놓았는데 말이다. 그리스도인들에게 빌립보서 3장 13-14절만을 들어 과거의 고통을 억압하고 상담과 기도를 통해 얻을 수 있는 치유의 은혜를 외면하라고 부추긴다면 이는 잘못이고 잔인하기까지 하다.

그러나 지나간 일은 잊어야 한다는 바울의 말이 그대로 적용되어야 하는 알맞은 때와 장소가 있다. 자신이 과거에 대한 동경에 사로잡혀 있음을 깨달았을 때다. 만일 당신이 이런 경우라면 이 말씀은 바로 지금 당신이 따라야 할 하나님의 권고다. "오직 한 일 즉 뒤에 있는 것은 잊어버리고 앞에 있는 것을 잡으려고 푯대를 향하여 그리스도 예수 안에서 하나님이 위에서 부르신 부름의 상을 위하여 달려가노라"(빌 3:13-14).

3) 자기혐오

자기혐오의 '만약 …만 했더라면'에 대해서는 성경에 두 가지 예시가 있는데, 이는 '말'에 관한 것이 아니라 '행동'에 대한 것이다. 하나는 자기혐오의 '만약 …만 했더라면'을 잘못된 방식으로 행동에 옮긴 경우다. 이것은 자기 파멸로 그 결과가 나타났다. 다른 하나는 같은 종류의 '만약 …만 했더라면'을 바른 행동으로 옮겨 회개와 회복을 이룬 경우다.

유다와 베드로는 과거의 죄와 실패를 돌아보는 '만약 …만 했더라면'을 대표한다. 두 경우 모두 아주 심각한 죄였다. 이 두 사람은 예수님께서 당하신 고난의 가해자였다. 한 명은 예수님을 배반했고, 한 명은 예수님을 부인했다. 둘 다 예수님을 버렸다. 한 사람은 은 삼십을 얻고 싶은 욕심 때문에, 또 한 사람은 사람들의 인정을 잃을지 모른다는 두려움 때문이었다. 더구나 이들의 죄는 돌이킬 수 없는 것이었다. 죄를 짓지 않았던 때로 되돌아가거나 만회하거나 번복할 길은 없었다.

> 움직이는 손가락은 쓰고 또 쓰고 있다네.
> 그대의 모든 경건과 지혜로도 그 쓴 것을
> 단 반 줄도 없애거나 바꿀 수 없으며
> 온 눈물로도 낱말 하나 씻어 낼 수 없다네.[2]

에드워드 피츠제럴드의 이 말은 얼마나 놀라운가! 복음서가 기록될 당시 베드로는 이미 교회의 중심인물이었음에도 그가 예수님을 부인한 일은 사복음서에 모두 기록된 몇 안 되는 사건 가운데 하나다. 한 사람은 비참하게 생을 마감했고, 한 사람은 승리를 거두었다. 도대체 이들의 이야기 결말은 왜 달라졌을까? 베드로도 유다도 자신의 죄와 자기 자신에 대한 혐오로 가득 차 있었다.

"곧 닭이 울더라 이에 베드로가 예수의 말씀에 … 생각나서 밖에 나가서 심히 통곡하니라"(마 26:74-75).

"그때에 예수를 판 유다가 그의 정죄됨을 보고 스스로 **뉘우쳐** 그 은 삼십을 대제사장들과 장로들에게 도로 갖다 주며 이르되 내가 무죄한 피를 팔고 죄를 범하였도다 하니 그들이 이르되 그것이 우리에게 무슨 상관이냐 네가 당하라 하거늘 유다가 은을 성소에 던져 넣고 물러가서 스스로 목매어 죽은지라"(마 27:3-5).

상이한 결말의 핵심은 뉘우침(remorse)과 회개(repentance)라는 거대한 차이에 있다. 여기 나온 '뉘우쳐'(마 27:3)는 헬라어로 '메타멜로마이'(metamelomai)이며 이는 '뭔가에 대해 후회하거나 걱정하거나 속상해한다'는 뜻이다. 이것은 전적으로 뒤를 돌아본다는 뜻으로, 이렇게 바꿔 말할 수 있다. "내가 한 일 때문에 나 자신에게 화가 나. 정말 끔찍한 일이야. 그러지 않았다면(if only) 좋았을 텐데." 뉘우침은 후회와 유감과 자기혐오를 포함한다. 그러나 온통 과거를 향할 뿐이다.

'회개'라는 말의 헬라어는 '메타노에오'(metanoeó)이다. 이 단어에도 과거를 돌아보는 '만약 …만 했더라면'의 '메타멜로마이'의 감정이 있다. 그러나 동시에 '돌아서다', '방향을 전환하다'라는 뜻의 미래를 내다보는 시선도 있다. 이 단어는 '마음을 바꾸다', '회심하다' 등으로 번역되기도 한다. 과거 행위로 인한 괴로움과 자기 비난의 '간약 …만 했더라면'이 현재의 소망과 방향 전환 의지라는 더없이 중요한 요소와 조화를 이룬다. 킹제임스 역에는 "유다가 회개하여"로 되어 있지만 뉴킹제임스 역에는 "유다가 뉘우쳐"로 바로잡혔다.

마음이라는 칠판에서 고통스러웠던 과거의 죄를 지울 수만 있다면 은 삼십이 아니라 3만이라도 기꺼이 내놓을 이들이 우리 가운데 있다. 그들을 위한 놀라운 메시지가 있다. 사실 유다도 말은 바로 했다. "내가 … 죄를 범하였도다." 예수님의 비유 중에서 가장 놀랍다고 할 만한 탕자 비유에서도 이 말은 핵심 단어다. 자신의 죄로 명들고 상한 탕자는 당시 유대 청중에게 돼지우리 비유로만 제대로 전달될 수 있었던 지독한 자기혐오에 빠졌다. 그가 "스스로 돌이켜" ― 이 얼마나 놀라운 말인가 ― 처음 했던 일은 "내가 죄를 지었사오니"라는 고백이었다. 이 말이 탕자 비유의 전환점이다. 이 말은 유다에게도 전환점이 될 수 있었다. 그러나 유다의 이 말은 오히려 자기혐오를 자기 파멸로 바꾸고 말았다. 탕자가 구원받은 것은 고백을 전환점으로 삼아 더 이상 뒤쪽이나 안쪽이나 아래쪽을 쳐다보지 않았기 때문이다. 그는 앞을 내다보았다. 아버지를 찾아가 긍휼을 구하기로 한 것이다.

뉘우침은 우리를 후회와 자기 비난에 빠지게 한다. 회개에도 그런 요소가 있긴 하다. 그러나 새로운 관계로 회복될 가능성을 볼 수 있도록 우리를 돌려세우는 것이 회개다. 유다가 끝내 버림받은 까닭은 예수님을 배반해서가 아니라 용서를 구하지 않았기 때문이다. 그가 스스로 파멸한 이유는 그의 죄가 너무 중해서 용서받을 수 없었기 때문이 아니다. 계속 뒤를 돌아보기만 할 뿐 방향을 돌려 다시 예수님을 보지 않았기 때문이다. 그는 예수님을 향해 달려가지 않았다. 오히려 예수님에게서 멀어지는 쪽을 택했다.

베드로도 자신이 죄를 지었다는 것을 알고 "밖에 나가서 심히 통곡"했다(마 26:75). 물론 베드로의 회개에는 하나님의 놀라운 주권적 역사가 있었다. 그래야만 했다. 진정한 회개란 언제나 하나님이 주시는 선물이기 때문이다(고후 7:10). 우리는 그것을 받아들일지 거부할지 결정할 책임이 있다. 복음서에는 이 은혜의 주도적 역사가 상세히 기록되어 있다. 누가는 이렇게 말한다. "주께서 돌이켜 베드로를 보시니 베드로가 … 생각나서 밖에 나가서 심히 통곡하니라"(22:61-62). 마가는 예수님의 부활 이후 천사들이 베드로에게 특별 메시지를 보냈다고 기록한다. "가서 그의 제자들과 베드로에게 이르기를"(16:7). 바울도 "게바에게 보이시고"(고전 15:5)라고 말한다. 베드로는 적어도 이 놀라운 선물을 그대로 받아들였다. 그도 자기를 혐오했지만 예수님에게서 달아나 파멸로 치닫지는 않았다. 베드로는 하나님이 주시는 은혜의 선물을 순순히 받아들였다.

오늘날에도 이 메시지가 절실히 필요한 사람들이 있다. 자기혐오의 '만약 …만 했더라면'이 죄책감과 정죄의 어두운 굴에 그들을 꼭꼭 가두기 때문이다. 그들은 하나님이 베푸시는 용서를, 그리고 자신을 용서하도록 하나님이 주시는 은혜와 용기를 온전히 받아들임으로써 그 상태에서 벗어나야 한다. 하나님의 은혜와 자기 용서는 너무나 밀접해서 자신을 용서하지 않고는 그 은혜의 기쁨도 온전히 누릴 수 없다.

몇 년 전, 나는 교회 성도의 요청으로 중환자실에 있는 로지(Rosie)라는 여성을 심방한 적이 있다. 나를 소개하자 로지는 이렇게 말했다. "목사님, 기도해 보려고 노력은 해 봤지만 할 수가 없었어요. 저는 성경도 모르고 30년 동안 교회에 가 본 적도 없어요. 하나님이 제 기도를 듣지 않으리란 건 저도 알아요. 저는 나쁜 사람이에요." 나는 자세한 이야기를 들려줄 수 있느냐고 물었다. 로지는 가까이 다가오라고 하더니 아주 슬프고 말하기 어려운 이야기를 들려주었다. 그녀는 어머니를 깊이 사랑했는데 사춘기 때 어머니가 갑자기 세상을 떠났다. 슬픔을 가눌 길 없던 그녀는 장례식 다음 날 밤 오빠와 함께 밖에 나가 취하도록 술을 마셨다. 인사불성 상태에서 두 사람은 그만 잠자리를 함께하고 말았다. 그 뒤로 그녀의 인생은 끝없이 아래로 아래로 추락했다. "그러니 기도해도 소용이 없죠. 하나님은 저를 용서할 수 없으실 거예요. 나도 나를 용서할 수 없거든요."

그날 아침 우리 부부가 큐티 시간에 읽은 본문은 고린도후서 5장 19-20절이었다. 내가 하나님의 권세를 받은 하나님의 대사라고 하셨던 말씀이 기억났다. 나는 그 여성의 손을 잡고 말했다. "로지, 내 이름은 데이비드입니다. 당신에게 이 말을 전하라고 하나님이 나를 여기로 보내셨습니다. 예수님은 당신을 위해 십자가에서 죽으셨습니다. 그분은 당신의 그 죄와 나머지 모든 죄를 다 용서해 주십니다." 우리는 좀 더 이야기를 나눈 다음 함께 기도했다. 로지는 마지막에 내게 이런 말을 했다. "하나님이 제게 그 말을 전하라고 하셨다구요? 듣고 보니 정말 놀라운 말이에요. 한번 믿어 볼게요."

이튿날 아침 로지를 보러 가 보니 침대가 비어 있었다. 간호사가 나를 알아보고 말해 주었다. "어젯밤에 운명하셨어요. 목사님께 이렇게 전해 달라고 하더군요. '데이비드 목사님께 말해 주세요. 내가 결국 기도를 드렸다고. 그리고 하나님이 내게 해 주신 그 말씀을 정말 믿었다고. 그리고 마음에 평화를 얻었다고. 이제 하나님과 나는 사이가 좋아졌다고.'"

고린도후서 5장 19절은 말한다. "이는 하나님께서 그리스도 안에 계시사 세상을 자기와 화목하게 하시며 그들의 죄를 그들에게 돌리지 아니하시고." 그러나 나는 로지의 표현이 더 맘에 든다. "나는 믿었어요. … 그래서 이제 하나님과 나는 사이가 좋아졌어요!"

> 죽은 지가
> 나흘이 되었으매
> (요 11:39)

7.
변명을 걷어내고 책임질 용기를 내다

실패를 감추기 위한

온갖 시도를

멈추다

　우리는 지금 '내부의 진실'을 찾고자 어두운 무덤 속을 줄곧 들여다보고 있다. 마치 고대 어느 부족이 살았던 동굴을 발굴하는 작업과 비슷하다. 전등을 들고 처음 들어가면 아주 큼직하고 바로 시선을 끄는 물체들만 보인다. 그러나 눈이 어두움에 적응되면 그늘져 있던 것이 실제 모습을 드러내 세부 사항이 분간된다. 그리하여 우리가 처음 생각한 것보다 훨씬 많은 것이 동굴 안에 있음을 알게 된다. 빛을 더 깊은 곳까지 비출수록 발견되는 내용도 그만큼 많아진다. 진정 빛이란 만물의 실체를 밝히는 것이다. 그래서 우리도 바울처럼 우리의 마음눈을 밝혀 달라고 기도하게 된다(엡 1:18). 지금부터는 '영원한 길'로 가는 우리의 여정을 방해하는 책임 회피의 "만약 …만 했더라면"의 나머지 세 가지 형태를 살펴보자.

4) 변명

여기에 해당하는 예는 베데스다 못가에 있던 사람의 기사에 잘 나타난다.

> "그 후에 유대인의 명절이 되어 예수께서 예루살렘에 올라가시니라 예루살렘에 있는 양문 곁에 히브리 말로 베데스다라 하는 못이 있는데 거기 행각 다섯이 있고 그 안에 많은 병자, 맹인, 다리 저는 사람, 혈기 마른 사람들이 누워 / 거기 서른여덟 해 된 병자가 있더라 예수께서 그 누운 것을 보시고 병이 벌써 오래된 줄 아시고 이르시되 네가 낫고자 하느냐 병자가 대답하되 주여 물이 움직일 때에 나를 못에 넣어 주는 사람이 없어 내가 가는 동안에 다른 사람이 먼저 내려가나이다 예수께서 이르시되 일어나 네 자리를 들고 걸어가라 하시니 그 사람이 곧 나아서 자리를 들고 걸어가니라"(요 5:1-3, 5-9; 3-4절도 참고하라).

1888년 고고학 발굴단은 예루살렘 양문 근처의 성 안나 교회(Church of St. Anne) 부근에서 다섯 개의 아치형 행각과 지하 연못으로 내려가는 계단을 발굴했다. 요한이 묘사한 장면과 아주 비슷했다. 그 못은 간헐적으로 거품을 일으켜 치료 효과를 내는 따뜻한 광천수 정도로 생각된다. 그러나 그때만 해도 사람들은 천사가 내려와 물을 휘젓는데 바로 그 시간에 못에 들어가면 병이 낫는다고 믿었다. 한 가지 재미있는 사실은, 천사와 물이 그려진 빛바랜 프레스코 벽화가 한쪽 벽면에서 함께 발견되어 고대 전설을 한층 더 확증하고 있다는 것이다. 요한은 못 주변에 모여든 온갖 절망적인 사람들 가운데 "서른여덟 해 된 병자"가 있었다고 말한다.

38년이라는 기간을 충분히 곱씹어 보라. 예컨대 여러분이 살아온 삶의 기간과 비교해 보라. 지난 38년 동안 여러분에게 일어났던 일을 모조리 떠올려 보는 것도 좋다. 그렇게 오랜 세월 동안 움직이지 못하고 살아온 사람을 상상해 보라. 이 사람이 실제로 못가에 얼마나 오래 있었는지는 알 수 없다. 이 사람은 오래전 가족과 친구들에게서 버림받은 이후 수 차례 자기 몸을 끌고 못으로 가려 했으나 뜻대로 되지 않았다. 낙심한 그는 자신처럼 맥 빠진 수많은 병자 사이에서 얇은 자리 하나만 깔고 누워 있었다. 이렇게 보내는 하루하루가 얼마나 지긋지긋하게 길었을지 상상하기도 어렵다.

요한은 이 사람이 오랫동안 앓았다는 사실을 예수께서 아신다고 일부러 밝힌다. 그것을 아시면서도, 그토록 오랫동안 그 상태로 지낸 사람에게 "네가 낫고자 하느냐"라고 왜 물으셨는지 정말 알다가도 모를 일이다. 충격적이라 믿을 수 없음, 이것이 우리의 즉각적 반응이다. 예수님이 이 사람에게 하신 마지막 말씀은 이렇다. "보라 네가 나았으니 더 심한 것이 생기지 않게 다시는 죄를 범하지 말라"(14절). 이로 보건대 이 사람의 장애는 도덕적 병에서 비롯되었음을 분명히 알 수 있다. 그러나 그렇다 하더라도 신체적, 정서적, 또는 영적 병자에게 더 큰 절망감과 정죄감을 안겨 줄 말씀을 하신 것은 결코 주님답지 않은 행동이었다. 예수님은 언제나 격려와 소망의 말씀을 해 주시는 분이었다. 참으로 무심해 보이는 질문을 던지신 것은 얼핏 보면 예수님의 성품에 전혀 맞지 않는 듯하다.

그러나 이 사람의 대답을 들어 보면 예수님의 질문이 결코 무심하지도 잔인하지도 않음을 알 수 있다. 이 심층 질문에는 지금 우리가 나누는 주제와 직접 관련된 중요한 두 가지 원리가 들어 있다. 첫째, 우리 소원의 순결함이다. 남들에게 어떻게 말하든 간에 우리가 정말로 원하는 바가 무엇인지 자기 자신도 속일 수 있다. 예수님은 그것을 알고 계셨다.

둘째, 우리 선택에 대한 책임이다. 상황이 어떠하든 상당 부분의 책임은 여전히 우리에게 있다는 말이다. 책임(responsibility)이란 반응할 수 있는 능력(response+ability), 즉 무슨 일이 닥치든 반응 방식을 선택할 능력이 있다는 뜻이다. 요컨대 '나를 향해' 일어나는 일보다 '내 안에서' 일어나는 일이 중요하다. 우리가 전자는 선택할 수 없지만 후자는 언제나 선택할 수 있다.

그러나 이 사람의 처음 대답에서는 이런 책임 의식을 전혀 찾아볼 수 없다. 오히려 예수님의 냉정한 질문에는 대답하지 않은 채 자기가 피해자라는 사실을 내세운다. 사실상 이렇게 말한 셈이다. "당신은 이해하지 못합니다. 물론 나도 낫기를 원하지만 그건 불가능합니다. 천사가 물을 움직일 때 아무도 나를 못에 넣어 주지 않기 때문입니다. 내 힘으로 가까스로 몸을 끌고 가도 이미 못은 사람들로 가득 차서 들어설 틈도 없습니다."

요한은 못 주위에 행각이 다섯 개 있었다고 말한다. 그것은 이 사람이 갖고 있던 다섯 가지 '만약 …만 했더라면'을 상징하는지도 모른다. 그는 마치 하나하나를 변명거리로 삼아 그 뒤에 숨으려는 것처럼 보인다.

- 나를 챙겨 주는 사람만 있다면. "주여 … 사람이 없어."
- 나를 거들어 주는 사람만 있다면. "나를 못에 넣어 주는."
- 나도 남들처럼 기운만 좋다면. "다른 사람이 먼저 내려가나이다."
- 나도 기회만 놓치지 않으면. "물이 움직일 때에."
- 나도 운만 좋으면. "내가 가는 동안에."

다 맞는 말이다. 그는 고질병을 앓고 있었고, 물이 움직일 때 못에 맨 먼저 들어간다는 것은 불구의 몸으로 거의 기대하기 어려웠다. 그러나 이 시점에서 요한만이 기록한, 예수님에 관한 심리학적 관찰을 기억할 필요가 있다. "또 사람에 대하여 누구의 증언도 받으실 필요가 없었으니 이는 그가 친히 사람의 속에 있는 것을 아셨음이니라"(요 2:25). 예수님은 이 병자의 비참한 현 상태보다 그의 더 깊은 곳에 있는 무언가를 보고 계셨다.

그리스도의 이 질문은 몇 갈래로 해석이 가능하다. 어쩌면 이 병자는 병이 너무 오래 되었고 못에 들어가는 것도 번번이 실패하다 보니 희망이 사라졌을 것이다. 낫고자 하는 진정한 소원마저 잃었을지도 모를 일이다. 이런 경우라면 예수님의 질문은 이렇게 해석된다. "언젠가는 나으리라는 것을 지금도 기대하고 있느냐?"

아니면, 그는 자신의 도덕적 전과에 대해 해결되지 않는 숨은 죄책감이 있어서 더 행복한 삶을 누릴 자격이 없다고 판단했을지도 모른다. 그래서 그 죄에 대한 일종의 속죄로 고난을 계속 당해야 한다고 생각했을 수도 있지 않을까.

아니면, 여러 요인이 복합적으로 작용하여 마침내 이 병은 치유가 불가능하다고 체념하게 된 것은 아닐까? 마음 깊은 곳에서는 인심 좋은 사람들의 자선에 기대어 불구로 지내는 데 만족하고 있었을지도 모른다.

유명한 의료 선교사 폴 브랜드 박사는 나병 환자들의 일그러진 손을 치료하며 인도에서 장기간 사역했다. 그는 위에서 언급한 그 점이 중대한 문제가 될 수 있다는 사실을 깨달았다. 사역 초기에 손의 형태와 기능이 모두 정상으로 돌아온, 그가 자랑스럽게 여기는 환자가 있었다. 그런데 손이 회복된 지 몇 달 지나지 않아 그 사람이 다시 낙심하는 것을 보고 박사는 충격을 받았다. 손이 회복되어 고마워하는 반면 불평도 하더라는 것이다. "하지만 박사님, 구걸하는 데는 이 손이 하나도 도움이 안 돼요. 사람들이 전처럼 돈을 후하게 주지 않거든요." 그러니까 의사가 나병 환자 특유의 굽은 손가락을 펴 주다가 밥줄을 끊어 버린 것이다. 브랜드 박사는 의미심장한 말을 했다. "상한 심령이 존엄성을 회복하게 돕는 작업, 바로 그것이 재활의 참된 의미입니다."[1]

못가에 있던 사람도 어느 정도 이런 근본적 문제가 있었는지도 모른다. 어쨌든 일단 병이 나으면 자기 생계를 책임져야 하니 말이다. 이 경우 예수님의 질문은 이렇게 해석될 수도 있다. "네가 **정말로** 낫기를 원하느냐?"

"나는 원래 그런 사람이야"

오랜 세월 신체적, 정서적으로 이런저런 문제가 없는 날이 하루도 없었던 젊은 어머니인 수전이 도움을 구하러 나를 찾아왔다. 상담 시간마다 처음 10분은 수전이 그동안 겪은 온갖 고통과 통증을 반복해서 늘어놓는 시간이었다.

아닌 게 아니라 공기 중에 떠다니는 병균은 모두 수전만 감염시키는 것 같았다. 그러다 보니 교회 활동이나 사회 활동에 참여하기가 어려웠고 주변 사람들과도 만족스러운 인간관계를 맺기가 힘들었다. 수전은 어렸을 때부터 몸이 약해서 자주 병치레를 했다. 그럴 때마다 가족들과 친구들, 선생님이나 목사님에게 심심찮게 들었던 말을 수전은 아직도 잊지 않고 있었다. "조심해, 수전. 무리하면 안 돼. 넌 지금까지 몸이 성한 날이 없었잖아. 그 점을 잊지 마라." 이런 파괴적인 "너는 그래"(You are)의 메시지는 수전의 몸이 더욱 약해지도록 부추겼다. 그뿐만 아니라 마음마저 약해지는 "나는 그래"의 사고방식이 자리 잡았다.

우리는 일정한 패턴을 찾아내기 시작했다. 수전이 병이 난 시기를 보면 종종 과중한 책임을 맡았을 때였다. 거기서 악순환이 시작되었다. 병이 나서 아프니까 책임에서 빠져나갈 그럴듯한 구실이 생겼고, 일단 그런 후에는 자신에게 화가 났다. 나중에 깨달은 것은 자기가 할 수도 없는 일을 시킨 하나님께 화가 났다는 점이다. 인생이 불공평한 것 같았다. 수전은 자기도 몸만 건강하다면(if only) 교회와 사회 활동에 참여하고 싶었다.

치유 과정의 전환점이 찾아왔다. 요한복음 5장 기사에서 수전은 자신의 모습을 보았다. 본인은 거듭 부인했지만 사실 수전은 건강을 일부러 해치고 있었다. 속마음을 캐물으시는 예수님의 질문에 수전은 이러한 고통스러운 현실을 직시하지 않을 수 없었다. 이후에 하나님의 무조건적 은혜라는 완전히 새로운 세계를 접하게 되었을 때

수전은 이렇게 말했다. "실패해도 괜찮은 건데 그랬어요. 더 이상 핑계 댈 필요가 없었는데!" 책임을 조금씩 늘려 가는 동안 수전은 점차적으로 회복되었고, 아울러 자신감도 생기고 능력도 그만큼 커졌다.

예수님은 병자의 숨은 의도를 보시고 날카로운 질문을 던지셨다. 병자의 대답을 보면 그런 의도가 숨어 있었음을 분명히 알 수 있다. 예수님의 충격적인 질문은 온갖 변명을 깨끗이 걷어 냄으로써 그를 자기 파멸로 이끄는 책임 전가로부터 건지려는 것이었다. 책임 전가의 습관이 그대로 남아 있는 한 치유라는 선물을 받기는 요원하다.

불가능한 일을 명령하신 예수님

그리스도께서는 더 이상 대화를 이어 가지 않으시고 불가능한 명령을 하나 던지신다. 그 명령은 어느 모로 보나 조금 전 질문 못지않게 무심하고 무자비해 보였다. 이 명령에 대해 병자는 그것이야말로 자기 힘으로는 불가능한 일이라고 반박하며 적대감을 품고 자신을 방어할 수도 있었다. 다시 변명을 되풀이하며 그 자리에 누워 있을 수도 있었다. 그러나 그렇게 하지 않았다. 그 태도가 기적의 시작이다.

성경학자 캠벨 모건은 이 시점에서 기사의 문자적 사실이 아니라 우리 주님의 성품에 초점을 맞추어야 한다고 말한다.[2] 그리스도는 이 병자에게 완전히 낯선 분이었음에도 그 시선과 어조에 담긴 그 무엇이 물을 움직이는 천사보다 더 깊이 이 사람의 마음을 움직였던 것이다.

예수님의 질문과 명령은 이 사람의 소원을 확인하고 소망을 소생시켰다. 또한 이 사람의 시선을 연못(pool)에서 인격(Person), 즉 골칫거리 물에서 생수의 근원 되신 주님께로 돌리는 것이기도 하다. 예수님의 말씀은 바꿔 말하면 이런 뜻이다. "이제 더 이상 못에 들어가는 문제로 염려하지 말라. 특정한 방법이나 특별한 시기를 찾는 일은 그만두어라. 그리고 나를 보라. 너는 혼자가 아니다. 네 곁에는 내가 있다. 너를 못에 넣어 주는 정도가 아니라 아예 네 병을 낫게 해 주마. 일어나 네 자리를 들고 걸어가라."

그러자 깊이 파묻혔던 희망의 불꽃이 되살아났고, 오랜 세월 이랬다저랬다 했던 동기의 초점이 참된 소원의 불꽃으로 바뀌었다. 자신의 책임, 즉 반응하는 능력을 행사하려는 의지가 다시 솟아났다. 그리하여 그는 어떻게 반응할지 결정했다. 의지하고 순종하기로 말이다.

이렇게 자신의 뜻으로 반응을 보이자 그 몸이 재창조되어 그간 기운 없고 쇠약했던 근육이 새 힘을 얻었다. 불가능했던 일이 일어났다. "그 사람이 곧 나아서 자리를 들고 걸어가니라"(요 5:9). 이사야는 메시아의 날이 이르면 "저는 자는 사슴같이 뛸 것이며 … 뜨거운 사막이 변하여 못이 될 것이며 메마른 땅이 변하여 원천이 될 것"(사 35:6-7)이라 예언했다.

"책임 전가 싸움: 미국은 피해자의 나라인가?"라는 제목으로 TV 특집 프로(ABC, 1994. 10. 26.)가 방영되었다. 존 스토슬(John Stossel)이 어느 젊은 흑인과 대담하는 장면이 있었다. 그 흑인은 너무나 많은 자기 동족들이 흑인 문제의 모든 책임을 '인종 차별 피해자'라는 사실에만 전가하고 있음을 염려했다. 스토슬은 자기가 살아온 이야기를 들려주었다. 그는 빈민가를 박차고 나와 사업가로 성공했다. 책임 전가 싸움을 끝내고 자신이 선택한 것에 책임을 지기 시작한 그때가 전환점이었다. 어떻게 그런 일이 가능했느냐고 묻자 그는 짧지만 예리한 대답을 했다. "올바른 신앙이 능력을 줍니다!"

못가의 병자가 변화된 것도 올바른 대상을 향한 올바른 신앙 덕분이었다. 이것이 바로 책임 전가를 그만두고 믿음으로 나아가는 성경적 태도의 핵심이다. 우리를 향하신 그리스도의 뜻과 담대한 순종으로 표현되는 우리의 뜻이 만나는 것은 마치 스위치를 켜는 것과 같다. 완전히 새로운 능력의 전원에 플러그를 꽂는 것이다.

병자는 자리에서 일어났을 뿐 아니라 자리를 들고 걸어갔다. 그날은 마침 안식일이어서 그 사람은 유대인의 율법을 어긴 셈이었다(요 5:10-11). 정말 터무니없는 얘기 같지만, 그가 고침받은 이후에 일어난 모든 소란은 그 때문이었다. 얼마나 애석한 일인가! 비난을 일삼던 종교인들은 병자가 안식일에 자리를 들고 걸어간 사실에만 집중하느라 기적을 놓친 것이다. 이 사건을 바로 이해했다면 그들은 이 병자와 함께 감격을 누렸을 것이다. 38년 동안 누워 지내던 자리를 아무렇지도 않게 들고 가는 사람을 보면서 말이다. 피해자가 승리자로 변화되는 참으로 놀라운 장면 아닌가!

정말로 낫기를 원하는가

'안 좋은 상태가 오래된' 사람들을 상담할 때, 나 역시 예수님이 못가의 병자에게 던지셨던 냉정한 질문을 부드럽게 던지곤 한다. 몇 년 전까지만 해도 나는 직설적으로 질문을 던지곤 했다. "이렇게 과거에 집착하는 이유가 뭡니까?" 나는 본인들 또한 대답을 모르는 경우가 많다는 사실을 서서히 깨달았다. 너무 직설적으로 질문하면 오히려 내담자를 방어적으로 만들고 성령의 역사를 가로막는다. 나는 성령께서 내담자의 저항을 누그러뜨려서 내담자 스스로 대답을 찾아낼 수 있도록 질문을 바꾸기로 했다. 지금은 이런 식으로 묻는다. "하나 물어보고 싶은 게 있습니다. 너무 빨리 대답하려고 하지 마십시오. 시간이 오래 걸려도 상관없습니다. 집에 가서 두고두고 생각하셔도 좋습니다. 이제 질문하겠습니다. 과거와 그 고통에 집착하면서 당신 내면의 어떤 필요들이 충족되고 있습니까?"

대개는 책임 전가, 변명, 예상되는 실패에 대한 그럴듯한 이유 등이 대답으로 나온다. 그러나 깜짝 놀랄 만한 반응이 나올 때도 한두 번이 아니다.

"내가 특별한 존재라는 기분이 들어요."

"그게 없다면 나는 그저 평범한 사람이 되고 말았을 겁니다."

"그 덕에 상대보다 힘이 세지더군요."

"진짜 문제를 피할 수 있는 구실이 됩니다."

"그것마저도 없으면 난 뭐죠?"

사람들은 정서적 고통, 영적 패배, 결혼 실패, 때로는 신체적 질병 등 끊임없이 대가를 지불하면서도 과거의 고통에 매달리는데, 방금 소개한 대답들과 그 외 여러 대답이 그 근본 원인을 잘 보여 준다.

이런 변명에 집착하는 까닭은 의식적이고도 의도적일 수 있지만 그렇지 않을 수도 있다. 어느 경우든 아주 집요하다는 것만은 분명하다. 이런 사람들은 피해자 신분을 계속 주장하며 '만약 …만 했더라면'의 책임 전가 싸움을 벌이는 편이 훨씬 쉽다고 느낀다. "고통 없이는 얻는 것도 없다"(No pain, no gain). 다들 아는 격언이다. 그런데 이들은 한 술 더 뜬다. "고통을 쥐고 있어야 얻는 것도 많다."

물론 베데스다 못가의 병자와는 각자 배경과 상황이 완전히 다르다. 하지만 '안 좋은 상태가 오래된' 사람은 누구나 이 병자처럼 자신이 무능력하고 무기력하다고 느낄 수 있다. "네가 정말로 낫기를 원하느냐?" 이 날카로운 질문을 그리스도께서 마치 나에게 던지신 것처럼 들어야 한다. 이 질문에 조금도 꾸밈없이 정직하게 답할 수 있다면, 바로 그 시점이 치유의 시작일 수 있다.

5) 불순종

아주 이상한 사람의 아주 이상한 이야기에서 또 하나의 '만약 …만 했더라면'을 찾아볼 수 있다. 그의 이름은 발람이다. 민수기 22-24장에 관련된 기사가 있다. 발람은 메소포타미아 지방에 살던 미디안 사람이다. 그는 선지자로서 명망이 대단했다. 그래서 모압 왕 발락은 이스라엘과 전쟁을 시작하기 전에 발람에게 돈을 주면서, 이스라엘을 '저주하여' 모압이 이기게 해 달라고 부탁한다. 겁이 난 발람은 발락의 사신들을 일단 하룻밤 묵게 한다. 자기가 취할 행동을 기도로 알아보고 싶었던 것이다.

그날 밤, 기도하는 발람에게 하나님은 분명하게 말씀하신다. "너는 … 그 백성을 저주하지도 말라 그들은 복을 받은 자들이니라"(민 22:12). 발락 왕은 이 대답을 듣고도 쉽게 포기하지 않고 이번에는 더 높은 고관들을 보냈다. 발람은 다시 거절했다. "발락이 그 집에 가득한 은금을 내게 줄지라도(even if) 내가 능히 여호와 내 하나님의 말씀을 어겨 덜하거나 더하지 못하겠노라"(민 22:18). 아주 경건한 '만약'(if)으로 들리지만 발람은 곧이어 위험한 단서를 붙였다. "그런즉 이제 너희도 이 밤에 여기서 유숙하라 여호와께서 내게 무슨 말씀을 더하실는지 알아보리라"(민 22:19).

발람은 자신을 속였다. 우리 가운데도 그런 사람이 많을 것이다. 발람은 하나님이 혹시 허락하실지도 모른다고 생각했던 것 같다. 이튿날 아침, 발람은 돌아가는 사신들과 함께 나귀를 타고 길을 떠난다. 바로 여기서 그 유명한 발람과 그의 말하는 나귀 사건이 일어난다. 하나님은 이 모든 일에 진노하셨고 발람을 막으시려고 칼을 든 사자(使者)를 보내어 길에 마주 서게 하신다. 영적으로 눈먼 발람은 사자를 보지 못한다. 그러나 나귀는 사자를 알아본다. 발람은 나귀를 움직이게 하려고 세 차례나 힘을 썼지만 소용없었다. 그 일 후에 하나님께서 나귀를 통해 말씀하신다.

그러자 눈이 밝아진 발람은 칼을 빼 든 사자를 보고 그가 자기 길을 막으려 하나님이 보내신 사자임을 알아차린다. 발람은 그 앞에 엎드려 말한다. "내가 범죄하였나이다 당신이 나를 막으려고 길에 서신 줄을 내가 알지 못하였나이다 당신이 이를 기뻐하지 아니하시면(if) 나는 돌아가겠나이다'"(민 22:34). 발람의 말은 달리 표현하자면 이렇다. "이것이 잘못된 일이요 당신이 기뻐하시지 않는 일인 줄 알기만 했다면(if only) 나는 이렇게 하지 않았을 것입니다." 하나님께서 이미 가지 말라고 발람에게 너무나 분명히 말씀하셨음에도 말이다.

이미 주신 말씀에 즉각 순종하라

여기서 우리는 순종하지 않고 타협하는 '만약 …만 했더라면'을 보게 된다. 발람은 두 마리 토끼를 쫓는 혹은 예수님 말씀처럼 '두 주인을 섬기려' 하는 사람의 대표적 예다. 발람은 하나님 백성의 미래와 하나님 대적의 미래에 모두 관여하려 했다. 그는 하나님을 기쁘게 해 드리고도 싶었지만 하나님을 거스르는 자들을 기쁘게 할 가능성도 남겨 두고 싶었다. 그다음 이야기는 다소 복잡하다. 발람은 몇 차례 중요한 예언의 말씀을 전하기도 하고 의인의 죽음처럼 죽기를 기도하기도 했다(민 23:10). 하지만 그의 타협은 결과적으로 많은 이스라엘 사람을 도덕적으로 더 타락시켰고, 그는 하나님의 원수들과 함께 칼에 맞아 비참한 죽음을 맞았다(민 31:8).

정말 이상한 사람에 관한 이상한 기사다. 그러나 이 교훈을 남 얘기 듣듯 할 사람은 그리 많지 않을 것이다. 그리스도인으로서 이런 심각한 '만약 …만 했더라면'을 자신의 신앙에 사족처럼 달고 사는 사람들이 많다. 하나님은 당신의 말씀 혹은 당신의 사자를 통해서 정말 많은 것을 우리에게 100퍼센트 분명하게 보여 주셨다. 그러나 우리는 무엇이 옳고 그른지 뻔히 알면서도 이의를 달고 합리화하며, 심지어 발람처럼 더 기도해 보고 싶다고 말하기도 한다. 나는 지금 하나님 백성들이 각자 진실하게 서로 의견을 달리할 수 있는 문제를 이야기하는 것이 아니다. 그런 문제에 대해서는 한 가지 입장만 독단적으로 주장하면 율법주의와 종교적 위선(pharisaism)에 빠진다. 그런 문제들이 아니라 하나님이 뜻을 분명히 보여 주신 절대적인 문제들이 있다. 이런 문제들에 대해서라면 '만약 …만 했더라면'을 찾아보려는 논쟁이나 기도나 연구는 필요하지 않다.

나의 장인인 워너 데이비스 목사가 십 대 아이를 교회에 등록시키던 일이 생각난다. 그분은 그 아이에게 등록 교인으로 서약할 것을 권하고 계셨다. 여러 가지 질문과 서약 내용 가운데 기억나는 것이 있다. "당신은 마귀와 그의 모든 사역에서 손을 떼겠습니까?" 데이비스 박사는 도움을 주려는 뜻에서 아이에게 이렇게 말했다. "네가 원한다면, '내가 그렇게 하겠습니다'라고 말하렴"(Say, 'I will', if you will). 그러자 아이는 아주 엄숙하게 대답했다. "목사님이 원하신다면 내가 그렇게 하겠습니다"(I will if you will).

우리 가운데도 '만약 …만 했더라면'이라는 말을 멈추고 순종하기를 시작해야 할 사람들이 많다. 마땅히 "주님이 말씀하셨으니 순종하겠습니다"라고 해야 할 때, 우리는 "주님이 그렇게 말씀하신다면(if only) 그렇게 하겠습니다"라고 말할 때가 너무 많다.

하나님이 표적만 보여 주신다면

불순종의 '만약 …만 했더라면'에는 또 다른 측면이 있는데, 예수님은 한 이야기를 통해 그 측면을 말씀해 주셨다. 매우 호화롭게 살던 이름 없는 부자가 있었다(눅 16:19-31). 그는 자기 집 문간에 앉아 있는 가난한 거지 나사로를 거들떠보지도 않았다. 두 사람은 죽은 후 처지가 완전히 뒤바뀐다. 가난한 거지는 하늘나라 '아브라함의 품'에

안기고, 부자는 지옥으로 떨어져 무시무시한 고통을 받는다. 부자는 궁휼을 구하지만 아버지 아브라함은 양쪽 사이에 건널 수 없는 구렁텅이가 놓여 있어 아무것도 해 줄 수 없다고 말한다. 그러자 부자는 다섯 형제를 위해 간청한다. "나사로를 내 아버지의 집에 보내소서 … 그들에게 증언하게 하여 그들로 이 고통 받는 곳에 오지 않게 하소서 … 만일(if) 죽은 자에게서 그들에게 가는 자가 있으면 회개하리이다"(27-30절). 그러나 아브라함은 의미심장한 대답을 한다. "모세와 선지자들에게 듣지 아니하면(if) 비록 죽은 자 가운데서 살아나는 자가 있을지라도 권함을 받지 아니하리라"(31절).

이 비유를 천국이나 지옥 묘사로 본다면 예수께서 가르치고자 하시는 진리를 놓치고 만다. 하나님이 이미 우리에게 주신 빛이 있는데도 그 빛 가운데 제대로 행하지 못한다면, 또 '가장 가까이 있는' 분명한 의무에도 순종을 다하지 못한다면, 우리는 하나님께 그 이상의 빛을 받을 수 있는 영적 역량을 잃는다. 마지막 두 구절에 나오는 '만약'(if)을 눈여겨보라.

"만일(if) 죽은 자에게서 그들에게 가는 자가 있으면 회개하리이다."

"만일(if) 모세와 선지자들에게 듣지 아니하면…."

부자가 자기 집 앞에서 부스럼으로 괴로워하는 거지에게 음식을 주고 그를 돌봐야 한다는 것은 특별히 하나님께 들어야 알 수 있는 일이 아니었다. 그가 가진 종교적 신념에 의하면, 그 일은 매우 당연한 일이었다.

하나님이 우리의 길에 작은 촛불을 비추실 때 만일 우리가 그 빛을 따라 행하지 않는다면, 더 밝은 빛을 비추신다 해도 제대로 반응하리라는 보장은 할 수 없다. 예수님은 우리에게 이 점을 가르쳐 주고 계신다. 뭔가 특이하고 색다른 일을 하나님께서 해 주시기만을 기다리며 이런 말을 하는 사람들이 우리 가운데도 많다. "나한테도 그렇게만 해 주신다면(if only) 나도 하나님을 믿을 텐데."

예수님은 당시 종교 지도자들이 당신을 배척한 까닭은 이미 율법과 선지자의 교훈을 배척했기 때문이라고 거듭 강조하여 말씀하셨다. 만일 이들이 이전에 계시된 빛을 받아들였다면 세상의 빛이신 예수님이 오셨을 때 당연히 그분을 받아들였을 것이다. "내가 너희를 아버지께 고발할까 생각하지 말라 너희를 고발하는 이가 있으니 곧 너희가 바라는 자 모세니라 모세를 믿었더라면 또 나를 믿었으리니 이는 그가 내게 대하여 기록하였음이라 그러나 그의 글도 믿지 아니하거든 어찌 내 말을 믿겠느냐"(요 5:45-47).

나는 이 영적 원리가 정서적, 영적 치유에 대단히 중요하다는 사실을 깨달았다. '작은' 것에 순종하지 못하는 자는 '큰' 것에도 올바로 반응할 능력이 그만큼 떨어진다. 나는 이 법칙이 하나님께서 인생의 질서 속에 심어 두신 도덕률 가운데 하나라고 믿는다. 온전함으로 가는 길 위에 있는 자들에게 작은 일에 충실하는 태도는 참으로 중요하다. 마찬가지로, 별로 중요해 보이지 않는 영역에서 날마다 성령의 감찰하심을 받아 순종하는 일도 중요하다. 우리의 나쁜 습관을 깨뜨리시고, 잘못된 대응 수단을 바꾸시며, 건강하지 못한 인간관계 방식을 변화시켜 주시는 성령의 사역이 바로 그런 영역에서 이루어지기 때문이다.

우리의 깨진 인생을 고치시며 우리를 그리스도의 형상으로 회복해 가시는 하나님께 "이건 시시합니다", "그건 너무 사소한 일이에요", "좀 더 중요한 일이 생길 때까지 기다리겠습니다"라고 달하면 큰 잘못이다. 중요한 것은 일의 크기가 아니라 순종하려는 마음의 깊이다. 우리가 끝까지 거부하는 하나님의 뜻이 무엇인지는 대부분 이런 '작은 일'에서 드러난다. 우리가 자신에게 하는 말을 바꿔 말하면 이렇다. "이건 시시해. 내 문제니까 내 마음대로 할 거야." 그러나 예수님이 우리의 주님이라면 마땅히 모든 것의 주님이 되셔야 한다.

나는 상담 사역을 하면서 일부 내담자들이 이런 형태의 '만약⋯만 했더라면'을 자기 책임을 회피하고 하나님을 탓하는 구실로 사용한다는 것을 깨달았다. 이들은 매일매일 조용히 들려주시는 말씀에는 순종하지 않으면서 굉장한 계시(표적과 기사)만 기다리고 있다. 그리고 이런저런 핑계를 댄다. "정말 확실하게 알 수가 없었어. 하나님이 더 분명히 보여 주셨다면 그렇게 했을 거야."

예수님이 거지의 이름을 나사로라고 붙이신 점을 들어 이 비유가 나사로의 부활에 관한 말씀이라고 보는 성경학자들이 있다. 어쩌면 예수님은 자신의 임박한 부활을 암시하고 계신지도 모른다. 그때가 되면 예수님은 죽은 자 가운데서 다시 사신 자가 될 것이다. 어떤 경우이든, 예수님 당시에 엄청난 증거가 있음에도 불구하고 예수님을 믿지 않는 사람들이 많이 있었다. 그렇게 환한 빛이 비추임에도 그들은 설득되지 않았고 오히려 눈이 멀고 말았다. 세상의 빛으로 오실 분을 맞이할 준비를 시키려고 하나님이 앞서 보내신 빛에 바로 반응하지 않았기 때문이다.

그러나 이 법칙이 긍정적인 쪽으로도 효력이 있다는 사실에 하나님께 감사하자. 하나님이 주시는 덜 밝은 빛에 순종하기만 한다면(if only) 그분은 더 밝고 큰 빛을 비춰 주실 것이다. 잠언에 보면 우리의 '길'에 관한 하나님의 약속이 있다. "의인의 길은 돋는 햇살 같아서 크게 빛나 한낮의 광명에 이르거니와"(잠 4:18). 이렇게 점점 밝아지는 길을 걸을 때 "우리가 다 수건을 벗은 얼굴로 거울을 보는 것같이 주의 영광을 보매 그와 같은 형상으로 변화하여 영광에서 영광에 이르니 곧 주의 영으로 말미암음이니라"(고후 3:18).

우리가 덜 중요한 일에 충실할 때 하나님은 우리를 더 중요한 일의 주관자로 삼아 주신다(마 25:21, 23).

놀라운 사역으로 세상에 널리 알려진 여성이 있다. 1975년 12월 29일자 〈타임〉 표지에 오늘날 '살아 있는 성인'으로 소개된 테레사 수녀다. 무교를 고수했던 맬컴 머거리지(Malcolm Muggeridge)의 냉소적인 방어벽을 깨고 그를 그리스도께 굴복시킨 것도 테레사 수녀의 희생적인 삶이 만든 결과였다.

테레사 수녀는 젊은 나이에 수녀가 되어 캘커타의 가톨릭 학교에서 교사로 일했고, 나중에는 그 학교 교장이 되었다. 학생들은 대부분 괜찮은 집안 출신이었지만 학교는 캘커타 최악의 빈민가와 인접해 있었다. 하나님은 가난한 사람을 불쌍히 여기는 마음을 주시며 테레사의 마음을 움직이기 시작하셨다. 1946년 9월 어느 날, 기차 안에서 테레사 수녀는 본인의 표현을 따르자면 "하나님의 아주 분명한 부르심을 받았다." 이미 하나님을 섬기고 있는 중이어서 테레사 수녀는 그것을 '소명 속의 소명'이라 불렀다. 교회 지도자들의 반대와 오해에도 불구하고 테레사 수녀는 마침내 집 없는 사람들과 죽어 가는 사람들을 돌보는 사역을 시작했다. 몇 년 사이에 자원 봉사자 수백 명이 나섰고 지금은 전 세계에 지부를 두고 있다.

자신의 일생을 다룬 텔레비전 특집 프로그램에서 테러사 수녀는 어떻게 그 사역을 시작하게 되었는지를 들려주었다. 어느 날 테레사 수녀는 길가에 누워 죽어 가는 여자를 보았고 자기가 돌봐 줘야 한다는 느낌을 강하게 받았다. 두 발은 쥐가 반쯤 갉아먹었고, 상처에는 구더기가 들끓고 있는 여자였다. 바로 그날, 사역이 시작되었다. 사역이 성장하는 모습에 깊은 인상을 받은 인터뷰 진행자는 자기가 들어 알고 있는 내용, 즉 길가에 버려져 죽어 가던 4만 2천여 명이 테레사 수녀와 그 동역자들 덕분에 생명을 찾았다고 이야기했다. 그러자 테레사 수녀는 간단히 대답했다. "맞아요. 하지만 1946년의 그 첫 번째 사람을 돌보지 않았다면 결코 4만 2천 명을 돌보지 못했을 거예요." 온 세계는 테레사 수녀가 그 첫 번째 부르심에 '만약 …만 했더라면'이 아니라 순종으로 응답한 것에 감사하고 있다.

6) 비현실적 바람

이번에 소개할 '만약 …만 했더라면'의 배경부터 살펴보자. 압살롬은 다윗의 셋째 아들이자 가장 아끼는 아들이었다. 그는 다윗의 모든 자녀들 가운데 가장 잘생기고, 가장 똑똑하며, 가장 이기적이고, 가장 버릇없는 아들이었다. 그런 경우 흔히 볼 수 있듯, 압살롬 또한 자신을 버릇없게 키운 아버지를 대적하여 왕위를 차지하려고 결국에는 반역을 일으켰다. 치열한 전투 중 나귀를 타고 숲속으로 도망하던 압살롬의 긴 머리가 상수리나무에 걸렸다. 나귀가 그냥 내달리는 바람에 압살롬은 공중에 매달렸고 어쩌지를 못했다.

그때 다윗의 군대 장관 요압이 왔다. 상황을 파악한 요압은 반역의 뿌리이자 주모자인 압살롬을 그 자리에서 죽인다. 압살롬이 죽었다는 소식이 다윗에게 전해졌다. "왕의 마음이 심히 아파 문 위층으로 올라가서 우니라 그가 올라갈 때에 말하기를 내 아들 압살롬아 내 아들 내 아들 압살롬아 차라리 내가 너를 대신하여 죽었더면(if only), 압살롬 내 아들아 내 아들아 하였더라"(삼하 18:33).

아들을 잃은 아버지의 깊은 슬픔과 비통한 심정은 이해가 되고도 남는다. 그러나 여기에 또 다른 측면이 있다. 이 측면으로 인해 이 사건은 현실성 없는 '만약 …만 했더라면'의 완벽한 예가 된다. 다윗은 자기가 이 나라의 왕이라는 사실을 망각하고 있었다. 그는 압살롬의 모반을 잊었다. 왕과 나라를 구하려고 수많은 자기 진영 사람들이 목숨을 걸었고 더러는 죽기까지 했다는 사실을 잊고 있었다. 그리하여 백성이 승리를 축하하러 모였을 때에도 다윗은 이성을 잃고 통곡할 뿐이다. "내 아들 압살롬아 내가 너를 대신하여 죽었더라면…."

이번에도 이 상황을 타개하기 위해 하나님이 사용하신 사람은 충성심 깊고 눈치 빠른 요압이다. 그는 용감하게 다윗 앞에 나섰다. 그리고 신랄하게 비꼬아 말함으로써 왕으로 하여금 이 불안한 상황을 직시하게 만들었다. 심리학자 윌리엄 글래서(William Glasser)가 '현실 치료'라는 용어를 만들기 훨씬 전에 요압이 그 요법을 사용한 것이다. 퍼뜩 정신이 든 다윗은 나약한 '만약 …만 했더라면'을 버리고, 감상적 공상에서 현실 세계로 돌아와 과단성 있는 행동을 취한다. 바로 그 행동이 나라를 구했다.

스캇 펙은 베스트셀러《아직도 가야 할 길》에서 이렇게 말한다. "정당한 고난을 피하려는 마음은 모든 정서적 질환의 뿌리가 된다."[3] 여기서 '모든'이라는 말에는 동의하기 어렵다. 하지만 나 역시 오랜 세월 동안 내담자들의 경험을 들으며, 많은 정서 문제와 영적 문제의 근본 원인은 현실을 직면하지 못하는 데 있다는 결론에 이르렀다.

낭만적인 관계에서 말하는 '만약 …만 했더라면'

이렇게 현실을 직면하지 못하는 상황은 낭만적 관계에서 특히 그러하다. 과거의 동굴을 정직하게 들여다본다면 우리 대다수는 비현실적이고 근거 없는 낙관의 수의에 싸인 관계의 잔재를 발견할 것이다.

예컨대 연애를 생각해 보라. 소위 '짝짓기 게임'이라고 하는 지금 연애 방법은 그리스도인들에게도 위험하고 잔인한 일이 될 수 있다. 성경이 불신자와의 결혼이나 혼전 성관계를 금하고 있고, 이 주제를 다룬 좋은 책들이 많이 있으며 결혼 전에 전문가와 상담을 할 수 있음에도 불구하고, 연애는 비현실적 바람의 '만약 …만 했더라면'으로 채워지고 결국 불행한 결혼 생활이나 이혼으로 끝나 버리는 경우가 많다.

나는 약혼한 어느 두 사람과 함께 테일러 존슨 기질 분석(Taylor-Johnson Temperament Analysis, 대인 관계에 영향을 미치는 성격 요인 및 행동 성향을 측정하는 검사 — 옮긴이) 결과를 놓고 얘기하던 그날 밤을 결코 잊지 못할 것이다. 검사 결과, 남자에게 적대감과 분노로 인한 심각한 문제가 있다는 것이 밝혀졌다. 그러나 본인은 그 결과를 한사코 부인했다. 나는 남자에게서 이런 증상을 본 적 있느냐고 여자에게 물었다. 여자가 몇몇 경우를 언급했지만 남자는 끝까지 부인했고 자기의 분노는 그리스도인이 되는 순간 깨끗이 해결되었다고 우겼다. 내가 집요하게 추궁하자 남자는 결국 이렇게 말했다. "약혼녀에게는 전혀 얘기하지 않았지만 저는 어려서부터 도시의 부랑아였고 또래들과 많이 싸웠습니다." 결국 결혼은 연기되었고 그 후로도 남자가 끝내 도움받기를 거절하자 여자 쪽에서 관계를 정리하고 말았다. 미래에 대한 비현실적 바람을 버렸던 이 여자는 지금도 내게 고맙다며 편지를 보내곤 한다.

이미 결혼한 관계에서도 이와 똑같은 비현실적 요소가 존재하는 경우가 많다. 한때 유명했던 V8 주스 광고를 기억하는지 모르겠다. 어떤 사람이 등장해서 유명한 다른 음료를 마시고 난 다음 곧바로 V8 주스를 마신다. 그리고 이렇게 소리친다. "와! V8을 마실걸 그랬어!" 판매량이 급증한 아주 성공적인 광고였다. 다른 말로 표현하자면 "… 대신 V8을 마셨더라면"(if only)이라는 말과 같다. 이런 식의 '만약 …만 했더라면' 때문에 불행해지고 심지어 깨지고 마는 결혼이 얼마나 많은지 모른다. "이 사람 말고 …랑 결혼했더라면(if only)!"

어느 불행한 아내가 상담하러 왔다. 한참 얘기를 나눈 후 그 아내는 이렇게 말했다. "이제 뭐가 잘못됐는지 알겠어요. 결혼한 지 7년이 다 되었는데, 그동안 한 번도 제대로 짐을 풀어 본 적이 없어요." 이사를 많이 다녔다는 이야기인 줄 알았다. 그러나 그 아내의 설명은 이랬다. "그런 말이 아니에요. 내 감정의 짐, 영적인 짐을 한 번도 제대로 푼 적이 없다는 뜻이에요. 이 사람을 남편으로 생각하고 내 마음을 온전히 준 적이 없어요. 대학 다닐 때 연애했던 남자들이 늘 잊히지 않았어요. 그중 한 사람과 결혼했어야 했다는 생각을 가졌어요. 지금 남편도 좋은 사람이지만 나는 남편을 정당하게 대하지 않았어요. 그런 생각을 버리고 이제는 하나님의 도움으로 결혼 생활을 제대로 꾸려 나가고 싶어요."

실습 중인 젊은 의학도들 이야기를 들어 보았을 것이다. 어느 날 인턴들이 의사와 함께 정신과 병동을 회진하고 있었다. 어느 병실 앞에서 담당 의사가 환자에 대해 설명했다. "이 환자는 실존적 우울증이나 상황적 우울증의 전형적 예입니다. 화학적인 문제도, 뇌질환도 없습니다. 그는 아름다운 여성과 결혼하기로 약속한 사이였는데 결혼식 3주 전에 그 여성이 다른 남자와 사랑에 빠져 도망가서는 그 남자와 결혼했습니다. 이 환자는 그 일을 견디지 못해 우울증에 걸렸고, 여기 온 지도 상당히 오래됐습니다. 그래도 요즘은 차도를 보이고 있어 곧 좋아질 것입니다." 인턴들은 환자를 관찰하며 이런저런 사항들을 자세히 적었다.

복도 저쪽으로 한참 걸어갔을 때 다시 한 번 의사의 설명이 있었다. "이번 환자는 스트레스로 인한 우울증입니다. 그 정도가 아주 심합니다. 일어나 침대에서 나오기도 어려울 정도로 완전히 무기력한 상태입니다." 인턴이 물었다. "어쩌다 이렇게 되었습니까? 이 사람도 막판에 약혼녀를 놓쳤습니까?" 그러자 의사가 대답했다. "천만에요. 이 사람이 바로 아까 그 남자의 약혼녀와 결혼한 사람입니다."

다른 쪽 끝에는, 비현실적 바람에 빠져 미래가 전혀 없는 관계에 매달리는 상황들이 있다. 오랫동안 목사로 사역하면서 나는 꿈의 세계에서 살아가는 남녀를 많이 보았다. 가망성도 없는 결혼을 놓고 혼자 매달려 김칫국부터 마시는 사람들도 보았다. 가끔 한 번씩 걸려 오는 전화, 크리스마스카드, 어쩌다 오는 편지 등 무의미하게 일어나는 작은 일을 부풀려 거기에 희망을 걸고 살아가는 사람들도 보았다. 비현실적인 공상에 빠져 살면서 몇 년씩 세월을 허송하고 어떤 때는 하나님께서 예비하신 사람을 놓치는 사람들도 있었다. 하나님께서 쓰시는 자리에서 봉사하며 살 수 있는 행복의 기회를 놓치기도 했다.

그런가 하면 더 이상 유지 불가능한 결혼 생활을 비현실적인 '만약 …만 했더라면'으로 질질 끄는 사람도 있다. 나는 이혼이 필요한 현실을 직시할 수 있는 경건한 용기를 구해야 할 상황이 있음을 보았다. 일부 종교개혁가들은 결혼이란 죽음이나 죽음에 비견할 만한 사유가 아니면 해체될 수 없는 연합이라고 말했다. 나도 동의한다. 계속적인 외도, 부양의 의무를 저버린 배우자, 신체적 폭력, 성적 학대 등 죽음에 비견할 만한 사유를 안고 있는 부부들이 있다. 때로 하나님은 결혼의 종식 속에서 새로운 삶을 끌어내실 수도 있다. 예를 들어 영적 기반이 든든한 재혼을 허락하실 수도 있고, 독신자로서 충만한 삶을 살게 하실 수도 있다. 기혼 남녀들 가운데는 진정 피해자로 살아온 사람들이 있다. 개인적으로나 교회적으로나, 우리가 비현실적인 '만약 …만 했더라면' 속에 사느라 이런 피해자들이 승리자가 되도록 돕지 못한다면 그것은 잘못이다.

지금까지 우리는 마르다, 마리아와 함께 영적 여정의 먼 길을 걸어왔다. 우리는 돌을 옮겨 놓았다. 그리고 빛이 들게 했다. 고통과 무덤의 악취에도 불구하고 용기를 내어 여러 잘못된 '만약…만 했더라면'의 진실을 직면했다. 성령께서 우리 삶의 어두운 영역의 진실을 하나둘 신실하게 밝혀 주심으로써, 이런 어두운 영역들의 실체, 즉 실패의 책임을 변명으로 모면하고 하나님과 타인에게 애꿎게 책임을 전가하던 수단이 마침내 빛이신 그분 앞에 밝히 드러났다.

이렇게 진리를 보게 된 것에 대해 하나님께 감사하자. 예수님은 진리가 우리를 자유롭게 하리라 말씀하신다(요 8:32). 또한 이렇게 덧붙이신다. "그러므로 아들이 너희를 자유롭게 하면 너희가 참으로 자유로우리라"(요 8:36). 아들이신 예수님은 우리에게 책임 전가를 그만두고 믿음의 삶으로 돌아서라고 도전하신다. 이제 그분과 함께 그 길을 걸어가 보자.

3부
후회와 원망을 떨치고
용서와 신뢰의 길로!

❝
내 말이
네가 믿으면 하나님의 영광을 보리라
하지 아니하였느냐
(요 11:40)

❞

8.
"네가 믿기만 한다면"

절망적인 상황에서
하나님의
영광을 보다

　이제 예수님은 마르다와 마리아를 데리고 결정적 지점까지 오셨다. 그동안 예수님은 급한 전갈을 받고도 일부러 무심한 듯 걸음을 늦추셨고, 언제나 현재이신 당신 자신(I AM)에 관한 교훈으로 이들을 과거에서 깨워 현재로 데려오셨다. 그리하여 그들의 닫힌 마음을 열고 새로운 가능성을 인정하게 만드셨고, 그들의 슬픔에 온전히 공감하심으로 눈물을 흘리셨으며, 곧이어 시신에서 풍기는 악취에도 불구하고 무덤을 열라는 잔인한 듯한 명령을 내리셨다. 이 모든 것은 절망적이고 불가능해 보이는 상황 앞에서 믿음의 싸움을 싸우도록 이들을 준비시키시는 데 필요한 과정이었다.

　　이 기사에는 하나님이 하실 일과 인간이 할 일이 아주 분명하게 구분되어 있다. 요한은 그 구분을 이렇게 표현했다. "〔그들이〕 돌을 옮겨 놓으니 〔그제야〕 예수께서 눈을 들어 우러러 보시고 이르시되"(요 11:41). 인간의 책임은 주님께 순종하는 것이다. 우리는 돌을 옮겨 놓아야 하고, 어둠과 악취를 드러내야 하며, 과감히 안을 들여다보아야 한다. 그들이 안을 들여다보고 나서야 예수님은 비로소 위를 올려다보시며 기도를 시작하셨다. 우리가 일삼는 책임 회피의 '만약 …만 했더라면'(과거에 대한 집착, 과거에 대한 동경, 자기혐오, 변명, 불순종, 비현실적 바람) 가운데 많은 문제의 해답은 믿음과 순종이 따르는 '만약 …한다면'의 기도에 있다.

　'보는 것이 믿는 것'이라는 말은 앞에서 얘기했던 많은 과거 지향적 '만약 …만 했더라면'의 모토일 수 있다. 그러나 예수님은 '믿는 것이 보는 것'이라고 순서를 바꾸셨다. "네가 믿으면(if) 하나님의 영광을 보리라"(요 11:40). 위대한 믿음의 장인 히브리서 11장은 믿음을 이렇게 정의한다. "믿음은 바라는 것들의 실상이요 보이지 않는 것들의 증거니"(11:1). 예수님은 또한 이렇게 말씀하셨다. "보지 못하고 믿는 자들은 복되도다"(요 20:29). 그렇다. 예수님께는 '믿는 것이 곧 보는 것'이다.

　예수님은 바로 이런 믿음의 마음으로 눈을 들어 우러러보시며 기도를 시작하셨다. "아버지여 내 말을 들으신 것을 감사하나이다 항상 내 말을 들으시는 줄을 내가 알았나이다 그러나 이 말씀 하옵는 것은 둘러선 무리를 위함이니 곧 아버지께서 나를 보내신 것을 그들로 믿게 하려 함이니이다 이 말씀을 하시고 큰 소리로 나사로야 나오라 부르시니"(요 11:41-43).

감사와 찬양으로 마음을 바꾸라

우리는 예수님의 기도에서 많은 것을 배울 수 있다. 첫 번째로, 예수님이 기도하셨다는 사실 자체가 중요하다. 열린 무덤의 오싹한 광경과 썩는 냄새 앞에서 그분은 기도하셨다. 우리는 어떠한가? 자신의 상처와 모욕, 패배와 환멸, 정서적 질환과 영적인 병, 두렵고 막강한 '만약 …만 했더라면' 등 이 모든 것 앞에서 우리는 기도하고 있는가? 하나님이 우리 앞길에 책이나 설교자나 상담자 등을 보내셔서 그 빛을 통해 은혜로 계시해 주시는 시각과 통찰 앞에서 기도하고 있는가?

이른바 그리스도인 상담가인 우리는 정서적, 영적 치유를 위해 우리를 찾아오는 사람들과 함께 기도하는가? 상담 시간이 끝날 때쯤 내담자들에게 이런 말을 들을 때가 한두 번이 아니다. "저와 함께 기도해 주시겠습니까? 전에 그리스도인 상담가인 어떤 박사님과 몇 번 이야기를 나눈 적이 있는데 함께 기도해 달라고 했더니 거절하셨습니다. 자신이 다루는 것은 심리적 문제이지 영적인 문제가 아니라고 하더군요. 이해가 안 갑니다. 저한테는 정말 기도가 필요한데 말입니다."

상담 과정에서 행해지는 기도의 오용에 대해서라면 나도 누구 못지않게 민감하다. 내담자들 가운데에는 기독교에 대한 개념이 비성경적으로 왜곡되어 있거나 심지어 병적인 경우까지 있다. 이런 사람들과 함께 기도하는 것은 도움이 되기보다 해가 되기 쉽다. 건강하지 못한 노이로제 형태의 기독교 이해를 종교적으로 부추기는 결과만 낳을 수도 있다. 이런 경우 나는 하나님과 그분이 원하시는 우리의 모습에 대한 그들의 왜곡된 생각을 바로잡는 데 많은 시간을 들인다. 그러므로 지금 나는 상담자의 무능함이나 경청하지 않았음을 감추거나, 치유가 필요한 상한 감정과 아픈 기억의 깊은 뿌리를 제대로 다루지 못한 것을 대신하는 '임시변통' 기도나 '그냥 빨리 기도나 해 주고 말자'는 식의 태도를 말하는 것이 아니다.

오용의 해결책은 아예 하지 않음이 아니다. 앞서 1장에서 이야기했듯, 나는 오늘날 이른바 기독교 상담으로 통하는 것들이 많은 경우에 영적 통합과 균형을 맞추지 못했음을 깊이 우려하고 있다. 기도를 포함하여 많은 영적인 요소가 상담의 본질에서 심각하게 경시되고 있다. 그러나 우리의 목표는 정서적 문제 치유를 넘어선다. 곧 성화의 과정에서 본질이 되는 온전함과 거룩함이다. 우리의 궁극적 목표는 자아실현이나 자기 확신이나 자존감 높이기가 아니다. 물론 이런 것들도 하나님의 치유하시는 은혜의 놀라운 열매이며, 많은 경우 상담과 후원 그룹의 도움 없이는 얻기 어렵다.

그러나 우리의 진정한 목표는 주님께 온전히 복종하는 데 있다. 그렇게 할 때 '그리스도 안에서' 우리의 진정한 자아는 하나님의 형상으로 회복될 수 있다. 우리는 하나님 안에서 지음받은 자이고 하나님을 위해 지음받은 자이다. 결국 내담자들을 위한, 내담자들과 함께하는 기도 없이는, 그리고 내담자들에게 건강하고 건설적인 기도 방법을 가르치지 않고는 이 궁극적 치유와 온전함은 이루어질 수 없다.

예수님의 기적들을 보면 기도를 어떻게 해야 할지 단서를 얻을 수 있다. 어떤 사람은 병 고침이 필요했고, 어떤 사람은 시력이 회복되어야 했고, 마비된 다리에 기력이 필요한 사람도 있었고, 또 누군가는 악한 자의 권세에서 해방되어야 했다. 그런가 하면 이미 죽었기 때문에 병 고침이나 회복 정도로는 안 되고 다시 살려 내서 새 생명을 주어야 했다. 이런 일들을 할 때 주님도 기도하셔야 했는데 하물며 그분의 임시 조수에 지나지 않는 상담자들은 얼마나 더 많이 기도해야 하겠는가!

두 번째로, 주님이 기도하셨다는 사실과 함께 그분의 기도 방식을 주목해야 한다. 예수님은 무언가를 요구하는 말로 기도를 시작하지 않으셨다. 언젠가 예수님은 제자들에게 기도를 가르치시는 자리에서 기도란 하나님과의 관계와 그 성품의 본질에서 시작해야 한다고 말씀하셨다(마 6:9). 예수님이 기도를 어떻게 시작하셨는지 보자.

그분의 기도는 "아버지"로 시작한다. 일체의 간구가 있기 전, 예수님은 경배와 찬양과 감사로 말문을 여셨다. 우리도 예수님의 본을 따라 감사와 찬양으로 기도를 시작한다면(if only), 우리의 골치 아픈 '만약…만 했더라면' 가운데 많은 부분이 치유되리라고 나는 확신한다.

프랜시스 프랜지페인은 *In the Place of Immunity*(면제받는 자리)라는 의미심장한 책에서 레아 이야기로 이 사실을 강조한다. 야곱의 첫째 아내 레아는 매력도 없었고 남편이 그녀를 원한 적도 없었으며 남편의 사랑도 받지 못했다. 야곱은 라헬을 위해 7년 동안 열심히 일했다. 그러나 교활한 라반은 결혼식 날 밤 라헬 대신 언니 레아를 신방에 들여보내어 야곱을 속였다. 야곱은 일주일 후 라헬과도 결혼하지만 라반은 그 대가로 야곱에게 또다시 7년 동안 일을 시켰다. 이렇게 야곱은 두 자매와 결혼하게 되었다. 자기가 원했던 사랑스럽고 아리따운 라헬과, 사랑하지도 원하지도 않았던 볼품없는 레아였다.

그때 "여호와께서 레아가 사랑받지 못함을" 보셨다(창 29:31). 프랜시스 프랜지페인은 하나님의 마음이 아픔과 외로움과 상심에 빠진 사람을 향하신다는 사실을 아주 잘 지적한다. 그래서 하나님은 레아에게 아들을 주셨다. 이 아들이 야곱의 장자였기 때문에 레아는 자연스레 이렇게 말했다. "이제는 내 남편이 나를 사랑하리로다"(32절). 그러나 야곱의 마음은 여전히 닫혀 있었다. 이런 일이 두 차례 더 있었다. 레아는 다시 한 번 이렇게 생각했다. "내가 그에게 세 아들을 낳았으니 내 남편이 지금부터 나와 연합하리로다"(34절). 그래도 야곱은 레아를 사랑하지 않았다. 다른 사람이 나를 사랑하게 만든다는 것이 정말 어려운 일임을 잘 보여 주는 사건이다. 오히려 애를 쓸수록 사태가 악화되는 경우도 있다. 레아가 바로 그러한 예라고 할 수 있다. 이제 레아는 거부당했다는 느낌뿐 아니라 질투심까지 생겼다.

그러다가 레아의 네 번째 임신 기간 중 그 심령에 치유하시는 은혜의 기적이 일어났다. "이르되 내가 이제는 여호와를 찬송하리로다 하고 이로 말미암아 그가 그의 이름을 유다라 하였고"(35절). '유다'라는 이름은 '찬송'이라는 단어에서 왔다. 프랜지페인은 예수께서 유다 지파에서 나셨다는 점과 레아가 나중에 아브라함과 사라, 이삭과 리브가 같은 위인들과 나란히 영광의 자리에 장사되었다는 점을(창 49:29-31) 지적한다. 이어 그는 꽤 의미심장한 말을 덧붙인다.

> 무슨 일을 당하든 하나님을 찬양하기 시작하는 그 순간, 우리는 구원의 옷을 입는다. 찬양이 없으면 그 당한 일로 말미암아 파멸에 이르렀을 테니, 말 그대로 그 일로부터 구원을 받는 셈이다. 실망과 상심은 우리에게 더 이상 붙어 있을 수 없다. 우리는 하나님을 예배하는 자이기 때문이다. 하나님은 과연 자기를 사랑하는 자에게 모든 것이 합력하여 선을 이루게 하시는 분이다.[1]

레아가 자기 삶의 기초를 '만약 …만 했더라면'에, 예를 들어 "나도 동생처럼 예쁘기만 했더라면", "남편이 나를 사랑해 주기만 했더라면"에 두고 있을 동안, 그의 정체성은 남편의 사랑을 받지 못하는 피해자로 얼어붙어 있었다. 그러나 레아는 찬양과 믿음으로 자신의 마음을 바꿈으로써 하나님께서 자기에게 새로운 정체성을 주실 수 있는 문을 열어 놓았다. 그리하여 레아는 장차 메시아가 오실 지파의 첫 어머니가 되었다.

우리의 삶도 이와 똑같다. 성경은 신앙의 기초를 감사와 찬양에 두는 것이 중요하다는 사실을 거듭 강조한다. "다만 모든 일에 기도와 간구로, 너희 구할 것을 감사함으로 하나님께 아뢰라"(빌 4:6). "항상 기뻐하라 쉬지 말고 기도하라 범사에 감사하라 이것이 그리스도 예수 안에서 너희를 향하신 하나님의 뜻이니라"(살전 5:16-13). 고통의 감정을 표현해서는 안 된다거나 매사를 무조건 "할렐루야!"로 덮어 버리라는 말이 아니다. 무슨 일이든 그 일 자체가 감사할 만하다는 말도 아니다. 사고로 크게 다치거나, 암에 걸리거나, 자녀가 죽거나 그 밖에 무슨 일이 일어나도 다 하나님의 뜻이니 그 일로 인해 감사하라는 말도 아니다. 하나님은 일이 어떠어떠하게 되었기 때문에 그 일 자체로 인하여 우리가 감사하기를 원하시지 않는다. 우리를 향하신 하나님의 뜻은 끊임없이 감사드리는 것 자체다. 어떤 상황에 처하든 항상 하나님을 찬양하는 것이 그분의 뜻이다.

《공동 기도서》(*The Book of Common Prayer*)를 보면 수 세기 동안 많은 그리스도인에게 찬양의 영을 불어넣은 '일반 감사'(*General Thanksgiving*) 기도가 있다. 이 기도는 하나님의 성품, 하나님의 선하심과 사랑, 하나님의 창조와 우리를 지키심, 구속을 베풀어 주심, 영광의 소망 등으로 시작한다. 그러고 나서 '주의 모든 자비에 합당한 인식(sense)'을 주시기를 하나님께 구한다.

마음이 불안하고 하나님의 자비에 대한 '합당한 인식'이 없을 때 이 찬양의 기도를 드려 보라.

> 전능하신 하나님, 모든 자비의 아버지시여,
> 주께 합당치 못한 저희 종들은 저희와 모든 사람들에게 베푸신
> 주의 모든 선하심과 인자하심을 인하여
> 가장 겸손하고 진심 어린 감사를 주께 드립니다.
> 저희를 지으시고 지키시며 삶의 모든 축복으로
> 함께하심을 인하여,
> 무엇보다 은혜의 방편이요 영광의 소망이신
> 우리 주 예수 그리스도를 통해
> 이 세상을 구속하시는 주의 측량 못할 그 모든 사랑을 인하여
> 주를 송축합니다.
> 이제 간구하오니
> 저희에게 주의 모든 자비에 대한 합당한 인식을 주셔서
> 저희 심령이 진실로 감사하게 하시고
> 주를 향한 찬양이 말로만 아니라 삶으로 나타나게 하소서.
> 자신을 온전히 드려 주를 섬기게 하시며,

예수 그리스도 우리 주로 말미암아
평생 거룩하고 의롭게 주 앞에서 행하게 하소서.
아버지와 우리 주 예수 그리스도와 성령님께
영원무궁토록 모든 영광과 존귀를 돌립니다. 아멘.[2]

불평 대신 단호한 믿음으로

공관복음서에는 "열두 해 동안이나 혈루증으로 앓는 여자"의 기사가 모두 기록되었다(마 9:20-22; 막 5:25-34; 눅 8:43-48). 마가는 이렇게 기록한다. "많은 의사에게 많은 괴로움을 받았고 가진 것도 다 허비하였으되 아무 효험이 없고 도리어 더 중하여졌던 차에"(막 5:26). 누가는 의사인 만큼, 내가 아는 모든 의사들이 그러하듯 동료 의사들에게 흠이 될 만한 말은 하지 않지만 그의 기록은 마치 공식 진료 보고서 같다. "아무에게도 고침을 받지 못하던 여자"(눅 8:43).

여기서 이 여성의 배경을 이해하는 것이 중요하다. 예수님 당시만 해도 그런 병을 통제하는 기준이었던 구약의 모세 율법(레 15:19-27)은 극도로 철저하고 엄중했다. 이 여자는 성전과 회당에서 출교당했을 것이고 각종 종교 의식에서도 모두 배제되었을 것이다. 그뿐만 아니라 똑같은 율법 조항에 의해 이혼당하고 가정에서 쫓겨났을 것이다. 이 여자의 손에 닿는 것이 무엇이든 그 부정함 때문에 덩달아

더럽혀진다고 간주되었기 때문에 그녀는 사회에서 추방당했다. 지난 12년 동안 가진 돈을 몽땅 의사에게 쏟아부은 뒤여서 살림도 궁색했을 것이다. 절망의 벼랑 끝에 선 이 여자야말로 의료인의 무지, 종교적 무관용, 성적 편견의 진정한 피해자였다.

그런데 이 여자가 "예수의 소문을 듣고" 왔다(막 5:27). 무슨 소문을 들었을까? 굉장히 많은 소문을 들었을 것이다. 당시 예수님은 그야말로 '장안의 화제'였으니 말이다. 마태의 시간 순서에 따르면, 예수님은 그 일 이전에 베드로의 장모를 고치셨고, 나병 환자를 깨끗하게 하셨으며, 중풍 병자를 온전케 하셨고, 귀신 들린 자들에게서 귀신을 쫓아내셨으며, 거친 바다를 잠잠하게 하셨다. 여자는 이 놀라운 분에 관해 많은 정보를 들었고, 그 정보는 그녀가 절망에서 벗어나 결단하게끔 하기에 충분했다. 여자는 생각했다. "내가 그의 옷에만 손을 대어도(if) 구원을 받으리라"(막 5:28).

"나한테 이 지긋지긋한 병만 없다면…", "저분이 내 몸에 손을 대주기만 한다면…. 하지만 당연히 그러시지 않겠지. 저렇게 깨끗하신 분이 뭣 때문에 자신을 더럽히시겠어?"라는 말들과 얼마나 다른가! 우리는 여자가 말했을 법한 '만약 …만 했더라면'을 얼마든지 생각해 볼 수 있다. 하나하나 다 그럴듯한 이유도 있을 것이다. 그러나 여자는 그렇게 하지 않았다. 그렇게 하면 절망하고 책임을 전가하며 과거를 되돌아보는 일만 될 뿐이고, 그야말로 '아프고 지친 상태에 신물이 날' 것이기 때문이다.

이 여자는 "(만약) 내가 그의 옷에만 손을 대어도(대기만 한다면)"로 방향을 바꾸었다. 이것은 불평하고 책임을 전가하며 뒤를 돌아보는 것이 아니라 소망을 품고 믿음으로 앞을 내다보는 것이다. 여기서 '만약 …한다면'은 앞으로 필요한 행동의 강도를 수식하는 말일 뿐이다. 지금 이 여자는 이렇게 말하고 있는 것과 다름없다. "이 예수라는 분에 대해 지금까지 내가 들은 이야기를 종합해 볼 때, 나는 이분께 병을 고치는 능력이 있다고 믿는다. 그렇다면 내 쪽에서 할 일은 그렇게 많지 않을 것이다. 나는 그저 그분의 옷에 손만 갖다 대면 된다. 그러면 병이 나을 줄 믿는다!" 세 복음서 기자는 큰 무리가 예수를 둘러싸고 서로 밀쳐 대고 있다는 사실을 모두 강조한다. 여자는 예수님께 접근하기가 매우 어려웠을 것이다. 만일 사람들이 이 여자의 질병을 조금이라도 눈치챘다면 아예 무리에 끼는 것조차 허용하지 않을 것이다. 여기서 우리는 여자의 믿음이 얼마나 확고하고 단호한지 알 수 있다.

일반적인 '대다'(만지다)와 '옷 가'는 잘못된 번역이다. 여기 '대다'라는 말의 헬라어 원어는 '붙잡는다'는 뜻으로 여자의 용기와 힘을 보여 준다. 또한 '옷 가'는 말할 것도 없이 민수기 15장 37-39절에 규정되어 있고 마태복음 23장 5절에 언급된 랍비 의복의 가장자리에 달린 술을 가리킨다. 요즘은 정통 유대인이 기도할 때 사용하는 숄에서 볼 수 있다.

이 여자는 절박함을 품고 가까스로 모든 장애물을 뚫고 들어가 예수님의 옷 밑자락 가장자리에 달린 푸른색 술을 붙잡았다. 그 순간 자신의 병이 나은 것을 알았다. 여자는 자기 뜻을 이루었다. 얻으려고 했던 바로 그것을 얻었다. 그래서 여자는 사람들 눈에 띄지 않게 조용히 빠져나가려 했다.

그러나 예수님은 끝나지 않으셨다. 그분은 여자가 사용한 단어를 똑같이 사용하여 이렇게 물으셨다. "누가 내 옷에 손을 대었느냐"(막 5:30). 누군가 옷을 '붙잡는 것' 또는 당기는 것을 예수님은 느끼셨다. 제자들은 놀랐다. 큰 무리가 예수님을 밀어 대고 있었기 때문이다. 그러나 예수님은 이번의 촉감은 다르다는 것을 아셨다. 단순히 누군가 무심코 그분의 옷을 잡아당기는 것을 넘어선 사건이 일어났음을 신적 감각으로 아셨던 것이다. 예수님 안에서 능력을 취해 내는 그런 접촉이었다. 단순히 밀쳐 대는 것과 믿음의 접촉, 그 양자의 차이를 예수님은 알고 계셨다. 가련한 여인은 그야말로 '현행범'으로 걸리고 말았다.

"예수께서 이 일 행한 여자를 보려고 둘러보시니 여자가 자기에게 이루어진 일을 알고 두려워하여 떨며 와서 그 앞에 엎드려 모든 사실을 여쭈니 예수께서 이르시되 딸아 네 믿음이 너를 구원하였으니 평안히 가라 네 병에서 놓여 건강할지어다"(막 5:32-34).

미숙한 행동에 담긴 믿음

그렇지 않아도 멋진 이야기인데 그 결말 또한 얼마나 놀라운가! 더 이상의 무익한 행동을 그만두고 믿음으로 자유에 이르려는 사람들에게 중요한 몇 가지 진리가 여기 담겨 있다.

첫째, 우리가 믿음의 사다리 어느 높이에 있든 예수님은 우리를 있는 모습 그대로 인정하시고 거기서 더 높은 자리로 끌어올리신다. 우리는 이 여자의 믿음에 미신적 면이 있다거나 그 행동이 그다지 '영적인' 것이 아니라고 비난할 수도 있다. 사실 예수님의 옷 술에 신비한 마술적 힘 같은 것은 없다. 이 여자의 병을 고친 것은 예수님 자신이지 옷이 아니다.

그러나 나는 원시 부족들 사이에서 오랫동안 선교사로 일하면서 한 가지 배운 것이 있다. 우리 눈에는 이상한 미신처럼 보이는 많은 종교적 행동과 관습의 핵심에 믿음이라고 할 만한 것들이 있는 경우가 많다는 사실이다. 상담자를 포함해서 모든 그리스도인 사역자는 찰스 콜슨의 말대로 성경을 전혀 모르고 영적으로 무지한 '신종 야만인들', 즉 이 세상의 교양 있는 이방인들 사이에서 사역하고 있는 만큼 이 사실을 염두에 두어야 한다. 위대한 성경학자 캠벨 모건은 이렇게 말한다. "미신 속에도 믿음이 있을 수 있음을 잊지 말아야 한다. 그런 경우 우리 주님은 언제나 믿음에 응답해 주시며 미신을 바로잡아 주실 것이다."[3]

여자가 자신의 행동과 동기를 진심으로 정직하게 고백하자, 예수님은 그것을 믿음의 행위로 받아 주셨다. 예수님은 이렇게 말씀하신 셈이다. "네 병을 낫게 한 것은 내 옷이 아니라 나를 믿는 너의 믿음이다."

그리스도를 통해 우리에게 주시는 하나님의 사랑은 얼마나 놀라운가! "안됐지만 너는 방법이 틀렸어"라고 거절하는 법 없이 어떻게든 우리를 받아 주시는 하나님은 얼마나 겸손하신 분인가! 하나님은 우리를 있는 그대로 받아 주신다. 우리에게 원하시는 것은 하나뿐이다. 그분께 나아와 그 발 앞에 엎드려 혼자 힘으로 살아갈 수 있다는 생각을 온전히 내려놓고, 사실대로 다 고하며 그분을 믿는 것이다.

아직 믿음이 어린 사람들에게 기본 지침을 소개하려 한다. 그 지침을 처음 사용한 사람이 누구인지는 잘 모르겠다. 나는 알코올 중독자 갱생회(Alcoholics Anonymous)의 영적 창설자 샘 슈메이커 목사에게 배웠는데, 그 지침이 정직한 초신자들에게 큰 도움이 된다는 사실을 알았다. 아주 간단한 제안이다. "당신이 이해하는 만큼의 예수 그리스도에게 당신이 이해하는 만큼의 자기 자신을 내어 드리지 않겠습니까?" 만일 우리가 자신을 내드리는 정직한 믿음의 '만약 …만 한다면'으로 첫발을 내딛는다면, 나머지는 우리 주님이 친히 그분의 능력으로 이끌어 주신다는 사실을 나는 거듭 깨닫는다.

둘째, 예수님은 여자의 병을 고쳐 주셨고 그 부정함을 깨끗하게 만드셨으며 완전히 새로운 신분을 주셨다. 유대교 전통에 의하면, 이 여자가 예수님께 손을 댔을 때 예수님도 부정해져야 했다. 그러나 실상은 정반대였다. 그리스도의 정결하심은 언제나 절대적이기 때문이다.

적들은 예수님을 온갖 말로 비난했다. "저 사람이 죄인을 영접한다." 그보다 더 심할 때도 있었다. "저 사람이 죄인들과 함께 먹는다!" 이들은 죄지은 자들과 접촉하면 접촉하는 사람도 그 죄에 오염된다고 생각했다. 그들의 말이 예수님께는 최대의 찬사가 된다는 것을 이들은 전혀 몰랐다. 예수님의 존재가 그들의 죄 때문에 부정해지는 것이 아니라 죄인들이 예수님의 정결하심 때문에 깨끗해진다! 바로 이 때문에 우리는 모든 사람에게, 특히 아무리 부정한 사람이라도 그에게 "하나님은 당신을 사랑하시고 당신의 모습 그대로 받아 주십니다"라고 힘주어 말할 수 있다. 예수님은 결코 우리를 현 상태 그대로 내버려두시지 않는다. 예수님과 연합하면 우리는 더 이상 지금 같은 모습으로 있을 수 없다.

이 여자가 바로 그러한 경우였다. 여자는 배척당하고 이혼당하고 출교당한 채 예수님께 왔다. 사람들이 보기에 이 여자는 부정한 사람이었다. 여자가 예수님께 왔을 때 어떤 상태였는지에 대해서 세 복음서 기자는 모두 똑같이 말했다. 예수님이 이 여자에게 주신 새로운 신분을 묘사할 때도 세 기자는 같은 단어를 사용했는데, 예수님은 이 여자를 "딸아!"라고 부르셨다.

왜 이 사실이 그렇게 대단한가? 신약 전체에서 예수님이 누군가를 이런 호칭으로 부르신 사람은 이 여자뿐이기 때문이다. 얼마나 놀라운 일인가! 아무것도 아니었던 존재에서 점차 중요한 사람이 되더니 마침내 딸까지 된 것이다. 예수님은 이제 이 여자가 하나님의 자녀로 입양되었음을 분명히 말씀해 주셨다. 그렇다면 왜 이 여자에게만 그런 호칭을 쓰셨을까? 예수님은 이 여자를 진정한 피해자로 생각하셨고, 앞으로도 상상할 수 없을 정도로 큰 어려움을 자주 당할 것을 아셨기 때문이다. 그래서 여자에게 말씀하셨다. "딸아 안심하라 네 믿음이 너를 구원하였다"(마 9:22). 달리 표현하면 이런 말이다. "이제 너는 내 딸이니 두려워하지 말라. 너는 내 것이다! 네 믿음이 너의 병을 고쳤듯, 앞으로 어려운 일을 당할 때도 그 믿음이 너를 지켜 줄 것이다."

이것은 우리에게도 아주 중요한 말씀이다. 우리의 구체적 상황은 이 여자와 다를지 몰라도 우리 역시 고독과 타락, 소외와 고통을 경험한다. 예수님은 자신의 사명을 친히 말씀하셨다. "이는 가난한 자에게 복음을 전하게 하시려고 … 나를 보내사 포로 된 자에게 자유를, 눈먼 자에게 다시 보게 함을 전파하며 눌린 자를 자유롭게 하고"(눅 4:18).

우리 가운데도 진정한 피해자가 있다. 신체 장애를 입은 피해자만 있는 것이 아니다. 오늘날의 비극적 상황으로 인해, 예를 들어 역기능 가정의 율법주의, 아동 방임과 학대, 배우자의 배신과 외도, 물리적 폭력과 성폭행, 이혼과 자녀 양육권 분쟁, 비행 자녀를 둔 고통 등으로 정신적이거나 영적인 고통을 겪는 피해자들도 있다. 이런 사건으로 인해 사람들은 두려움이나 원한, 인간관계에 관한 불안이나 이성에 대한 증오, 성(性) 전반에 대한 혐오감 내지 강박증, 중독 행위 등에 노예처럼 속박된다. 이런 사람은 사회 기관, 교회, 상담, 회복 그룹 등의 도움을 가능한 한 모두 받아야 한다. 일단 상한 심령을 고침받고 아픈 기억의 권세에서 놓이지 않는 한 하나님께 믿음을 둔다는 것이 요원할 때가 많다. 그러나 이 모든 것이 다 이루어졌다 할지라도, 우리의 궁극적 온전함을 이루는 일은 우리가 예전 정체성으로 인한 고통과 속박의 상태에서 벗어나 그리스도 안에서 새로운 정체성으로 기쁨과 자유를 누릴 때에야 가능하다.

혹시 이런 생각이 들 수도 있다. "그 옛날 예수님이 이 여자를 친히 '딸'이라 부르신 것은 잘된 일이지만 그것이 지금 우리와는 무슨 상관인가?" 바울은 주의 은혜의 영광을 말하는 자리에서 우리 모두를 여기에 포함시키고 있다. "이는 그가 사랑하시는 자 안에서 우리에게 거저 주시는 바 그의 은혜의 영광을 찬송하게 하려는 것이라"(엡 1:6). "그가 사랑하시는 자 안에서." 이 생소한 문구는 무슨 뜻인가? 예수께서 세례받으실 때 아버지가 들려주신 말씀을 기억하는가? "이는 내 사랑하는 아들이요 내 기뻐하는 자라"(마 3:17). 바울은 우리가 현재 '그리스도 안에' 있다는 사실을 거듭 상기시킨다. 이 말을 어찌나 중요하게 생각했던지 총 90회나 사용한다. 이 말은 우리도 '하나님의 사랑하시는 자 안에' 있다는 뜻이다. 하나님이 우리 한 사람 한 사람을 그리스도 안에서 보시며 말씀으로 새 신분을 주시기에 이제 우리도 그 말씀을 들을 수 있다. "너는 내 사랑하는 아들이요 내 사랑하는 딸이며 내가 기뻐하는 자다."

믿으면 기적이 일어난다

아주 어렸을 때 아버지를 잃은 메리의 편지가 이 새 신분의 좋은 예가 될 듯하다.

화요일 밤 목사님의 메시지가 제 마음에 와닿았어요. '만약 …만 했더라면' 동우회가 있다면 회장은 제 차지였을 거예요. 정말이에요. 그런 말이 나한테 얼마나 큰 해를 끼치는지 전혀 몰랐거든요. 지금까지 기억하기에 제가 주님을 사랑하지 않은 적은 한 번도 없어요. 하지만 요즘 들어서는 제 힘으로 어쩔 수 없는 상황 때문에, 마음에 평안이 없었어요. 전에는 '만약 …만 했더라면 내 삶이 달라질 수 있었을까'라는 생각에 빠지는 경우가 많았어요. 열두 살 때 저는 너무나 좋은 아버지를 잃었어요. 그 뒤로 제 삶은 온통 그 일의 지배를 받았던 것 같아요. 목사님이 자유로워지고 싶은 사람은 일어나라고 하셨을 때 저는 당장 자리에서 일어났어요. 훌륭한 제 남편도 저와 함께 일어났어요. 목사님이 기도하시는 동안 정말 놀라운 평안이 임했어요. 저 자신도 잘 믿기지 않았습니다. … 집에 돌아와서 혹시 하나님의 사랑과 평안의 기쁨이 지속되지 않으면 어쩌나 겁도 났지만 기쁨은 제 마음을 떠나지 않았어요. 물론 고민이 다 사라진 것은 아니지만, 고민이 찾아올 때마다 '만약 …만 했더라면'이라는 말 대신 "믿기만 하면 하나님의 영광을 볼 것이다"라고 말해요. 그러면 위로를 얻어요.

어린 나이에 좋은 아버지를 잃은 메리의 마음에는 커다란 공간이 생겼다. 고통의 '만약 …만 했더라면'이 그 공간을 차지했고, 이후 오랜 세월 동안 메리의 굴레가 되었다. 그러나 메리는 책임 전가를 그만두고 믿음을 택함으로써 완전히 새로운 의미로 하늘 아버지의 딸이 되었다. 하나님의 사랑과 평안이 자신을 감싸는 것을 느꼈다.

그렇다. 우리가 믿으면 기적은 오늘도 일어날 수 있다. 앨라배마주 버밍엄의 헤더 화이트스톤은 질병 피해자다. 어릴 때 앓은 병으로 거의 듣지 못하는 청각 장애인이 된 것이다. 오른쪽 귀는 전혀 들리지 않고 왼쪽 귀도 청력이 5퍼센트 정도만 남은 상태였다. 헤더의 어머니는 믿음이 아주 돈독한 사람으로, 딸이 최대한 평범하게 자라야 하고 말하는 법도 배워야 한다는 생각을 한시도 버리지 않았다.

헤더가 자기 이름을 소리 내어 말하는 데만 꼬박 6년이 걸렸다. 헤더는 왼쪽 귀에 보청기를 끼고도 음의 진동을 거의 느끼지 못했다.

다행히 리듬은 감지할 수 있어서 발레를 배웠다. 헤더는 분노를 느끼며 이렇게 자문한 적이 한두 번이 아니다. '왜 하필 나야? 왜 내가 청각장애인이 되어야 해?'

그러나 그 분노가 에너지로 바뀌자, 헤더는 그 힘으로 모든 기회를 살려 창조적인 일을 하게 되었다. 학교 여자아이들이 헤더가 장애인이라며 친구가 되려 하지 않자 어머니는 딸에게 말했다. "그 아이들이 너보다 훨씬 심한 장애를 가진 거니까 네 처지를 슬프게 생각하지 말고 오히려 그 아이들을 가엾게 여겨."

1994년 9월의 꿈만 같던 그날 밤, 온 세계는 예쁘고 유능한 헤더가 우아한 춤 솜씨와 유쾌한 대화로 1995년 미스 아메리카 왕관을 쓰는 모습을 지켜보며 기뻐했다. 장애인이 최고 미인으로 선발된 것은 행사가 시작된 지 75년 만에 처음 있는 일이었다. 헤더는 이렇게 말했다. "하나님의 도움을 받아 힘써 노력하면(if) 못할 일이 없어요. 우리 집에 불가능이란 단어는 존재하지 않아요."[4] 그렇다. '당신이 믿으면' 당신도 보고 듣게 될 것이다. 피해자가 승리자가 되는 것이다.

이런 기적은 개인에게만 일어나는 것은 아니다. 특정 장소에서 일어나기도 한다. 인도의 최하층 천민들은 '케리'라는 분리 구역에 강제 거주해야 한다고 했던 내용을 기억할 것이다. 1896년 최초의 그리스도인 선교사가 인도의 비다(Bidar)에 도착했다. 우리가 1946년부터 1955년까지 사역했던 곳이다. 그 선교사가 끈질기게 정부를 조르고 매달린 끝에 7년 만에 드디어 감리교 선교회 시설을 지을 땅을 구입하게 되었다. 정부에서 해 볼 테면 해 보라는 식으로 도시 성벽 외곽의 여러 '케리'로 둘러싸인 넓은 땅을 떼어 준 것이다.

그곳은 문자 그대로 그 도시의 쓰레기 땅이요 불모지에 지나지 않았다. 나중에는 그 땅이 최적의 장소임이 증명되었지만 말이다. 그곳에 선교사 관사, 학교, 교회, 병원 등이 들어섰다. 잘 훈련된 인도 출신 기독교인 간호사와 의사들이 대다수 구성원이었던 선교 병원은 불과 몇 년 사이에 신분과 계층, 종교를 불문하고 아주 먼 곳에서부터 오는 환자들로 발 디딜 틈이 없었다. 병원은 곧 그 지방 명소가 되었고 수많은 사람이 거기서 그리스도를 믿게 되었다. 이 무슨 일인가? 도시의 오물 센터가 헬스 센터로 바뀐 것이다. 그렇다. 예수님이 "네가 믿으면 하나님의 영광을 보리라" 말씀하시기 오래전부터 이사야는 메시아가 오시면 땅까지 변화될 것이라 예언한 바 있다.

"광야와 메마른 땅이 기뻐하며

사막이 … 피어 즐거워하며 …

그것들이 여호와의 영광

곧 우리 하나님의 아름다움을 보리로다"

(사 35:1-2).

예수님이 놀라워하신 믿음

'만약 당신이 믿기만 한다면'의 또 하나 좋은 예는 마태복음 8장 5-13절, 누가복음 7장 1-10절에서 백부장의 하인이 병 고침을 받는 사건이다. 당시 백부장은 휘하에 군인 100명을 거느릴 수 있는 로마군 지휘관이었다. 신약 성경에는 백부장 일곱 명이 나오는데 하나같이 좋은 모습으로 소개된다. 그 가운데서도 이 백부장은 독보적이다. 이 사람은 이방인으로 당시 미움받던 직업 군인이었다. 그럼에도 그는 그 지방 유대인들의 극진한 사랑을 받았다. 백부장이 보낸 유대인 장로들이 예수님께 와서 이 백부장의 청을 들어 달라고 간구한다. "그가 우리 민족을 사랑하고 또한 우리를 위하여 회당을 지었나이다"(눅 7:5)라고 그 이유를 설명한다.

더 놀라운 사실은 이 백부장이 한낱 노예에 지나지 않는 종을 끔찍이 아꼈다는 것이다. 이것은 노예를 인간이 아니라 재산으로 취급했던 로마인들의 전형적 태도와 완전히 반대된다. 이 백부장은 자기가 속한 나라보다 훨씬 높은 이상을 가졌음이 분명하다. 이렇게 훌륭한 사람이 예수님께 병든 종을 고쳐 달라고 간청한 것이다.

예수님은 장로들의 청을 받아들여 그들과 함께 백부장의 집으로 가신다. 그러나 결과적으로 그 집에 가시지는 못했다. 예수님이 오고 계신다는 소식을 들은 백부장이 친구들 편으로 보낸 전갈 때문이었다.

"주여 수고하시지 마옵소서 내 집에 들어오심을 나는 감당하지 못하겠나이다 그러므로 내가 주께 나아가기도 감당하지 못할 줄을 알았나이다 말씀만 하사 내 하인을 낫게 하소서 나도 남의 수하에 든 사람이요 내 아래에도 병사가 있으니 이더러 가라 하면 가고 저더러 오라 하면 오고 내 종더러 이것을 하라 하면 하나이다 예수께서 들으시고 그를 놀랍게 여겨 돌이키사 따르는 무리에게 이르시되 내가 너희에게 이르노니 이스라엘 중에서도 이만한 믿음은 만나보지 못하였노라 하시더라 보내었던 사람들이 집으로 돌아가 보매 종이 이미 나아 있었더라"(눅 7:6-10).

7장에서 보았던 "하나님이 뭔가 놀라운 일을 해 주시기만 한다면!"이라는 말로 자신의 죄와 과오를 변명하던 '만약 …만 했더라면'과는 얼마나 대조적인가. 이 백부장의 삶은 앞 장에서 이야기한 원리의 좋은 예가 된다. 그는 극적으로 뭔가 새로운 계시가 나타나기를 기다리지 않았다. 도덕적으로 자신이 이해한 바를 따라 살면서 자신이 이미 받은 빛 안에서 행하고 있었다. 그의 마음은 열려 있었고, 세상의 빛이신 주님께서 그의 길을 비춰 주실 때 믿을 준비가 되어 있었다. 그는 믿어도 그냥 믿은 것이 아니라 아주 놀라운 믿음의 '만약'이 있었다. 그는 말했다. "주님, 제 집까지 오시지 않아도 됩니다. 저는 그럴 자격이 없습니다. 그냥 말씀만 하시면(if) 종의 병이 나으리라는 것을 제가 압니다."

이 위대한 믿음 이면에 놓인 논리에는 심오한 뜻이 있다. 그가 말하는 권위의 원리에서 양쪽 측면 가운데 하나라도 놓치면 안 된다. 이것이 그의 믿음의 기초이자 우리 믿음의 기초이기 때문이다. 여기서 잊지 말아야 할 것이 있다. 진정한 로마인이라면 "황제가 주님이시다!"라고 인정할 뿐 다른 권위를 인정해서는 안 된다. 그럼에도 그는 사실상 이렇게 말한 것과 마찬가지다. "주님, 궁극적 권위는 주님이십니다. 저는 주님이 어떤 분이신지 알고 주님이 갖고 계신 권한과 권위도 압니다. 저 자신도 권위 아래에 있는 사람인지라 저보다 높은 권위에 복종해야 합니다. 하지만 제 권위 아래에도 제 명령에 복종하는 병사들이 있습니다."

"나도"(I also, 8절)라는 말을 백부장이 어떤 취지로 사용하고 있는지 잘 보라. 그 속에 깊은 의미가 있다. 그가 이해하기로는 주님께 권위가 있는 까닭은 그분도 권위 아래에 있기 때문이다. 주님께 권한이 있는 것은 더 높은 권위로부터 그 권한이 주어졌기 때문이다. 만물의 복종을 받으실 권위가 주님께 있는 까닭은 주님이 모든 권위와 그것을 행사할 능력을 가지신 하나님 아래에 계시기 때문이다. 이것이 백부장이 깨닫고 고백한 바다.

자신에게는 아무런 권한도 권세도 없으며 모두 아버지께서 주신 것이라고 언제나 말씀하신 예수님, 그 예수님에 대한 백부장의 통찰은 얼마나 놀라운가. 훗날 예수께서 "하늘과 땅의 모든 권세를 내게 주셨으니"(마 28:18)라고 말씀하실 그날에 대한 얼마나 놀라운 예견인가. 이스라엘 땅에 살던 이 이방인 백부장은 누구나 이해할 수 있는 쉬운 군대 용어에 가장 깊고 어려운 신학적 진리를 담았다.

예수께서 놀랍게 여겨 "내가 너희에게 이르노니 이스라엘 중에서도 이만한 믿음은 만나보지 못하였노라"(9절)라고 무리에게 말씀하신 까닭을 이제 알 수 있다. 복음서를 보면 사람들이 예수님의 말씀이나 행적을 보고 "놀랍게" 또는 "이상히" 여겼다고 표현된 곳이 많다. 하지만 예수님이 뭔가를 보고 이렇게 여기신 일은 두 번밖에 없다. 이 백부장의 "믿음을 보고 놀랍게" 여기셨고, 나사렛 회당에서 사람들이 "믿지 않음을 이상히" 여기셨다(막 6:6). 두 경우 모두 순종이냐 불순종이냐의 문제가 가장 중요했다. 우리도 이렇게 자문해야 할지 모른다. '이 두 가지 중에서 예수님은 내 안에서 무엇을 보고 놀라워하실 것인가?'

믿기 위해 순종하라

성경 어디를 보더라도 믿음과 순종은 원인과 결과의 자리를 주고받으며 불가분의 관계를 맺고 있다. 히브리서 11장에 나오는 위대한 믿음의 모본에는 거의 모두 순종의 행위가 예시되어 있는데 때로는 가장 일상적이고 실제적인 일들에 순종한 사례들이다. 믿음으로 노아는 방주를 만들었다. 믿음으로 아브라함은 갈 바를 알지 못한 채 떠났다. 믿음으로 사라와 아브라함은 잉태하였다. 믿음으로 모세의 부모는 아기를 숨겼다. 믿음으로 여호수아는 성벽을 돌았다. 일일이 열거하자면 끝이 없다. 이들에게는 과연 두려움도, 회의도, 의문도 없었을까? 각 사람의 기사를 읽어 보면 단번에 해답을 알 수 있다. 이들은 '믿음으로' 움직였고 모험을 감행했다. 이들은 순종함으로 믿었고, 믿음으로 순종했다.

오래전 상담을 막 시작하려던 무렵, 디트리히 본회퍼의 말 한마디에 큰 도움을 받은 적이 있다. 한 문장으로 요약해 보면 이런 내용이다. "우리는 어떤 때는 순종하기 위해 믿어야 하고, 어떤 때는 믿기 위해 순종해야 한다." 본회퍼는 이 진리의 균형을 잘 맞춰야 한다고 말한다. 균형을 잃으면 한쪽으로는 '값싼 은혜'의 과오에 빠지고 다른 한쪽으로는 '행위 구원'의 오류를 범한다. 어느 경우든 '저주의 다른 이름'[5]에 지나지 않는다.

저녁 예배가 끝나고 나니 밤이 깊었다. 강대상 앞에 남았던 사람들도 다 떠났건만 유독 래리(Larry)만 자리에 남아 있었다. 기도 모임 구성원들도 지칠 무렵이었다. 함께 기도하던 사람들은 래리에게 여러 성경 구절을 말해 주었다. 뜻은 다 좋았지만 모순되는 충고들도 있었다. "기다려 봐." "그냥 놔 둬." "믿기만 하면 돼." 그 외에도 여러 권면의 말이 있었다. 그러나 래리는 "죄송해요. 저도 정말 믿고 싶지만 그럴 수 없을 것 같아요"라는 말만 반복할 뿐이었다. 나는 뒤에 서서 기다리며 그들의 말을 듣기만 했다.

래리가 숙소로 돌아가려고 일어섰을 때, 나는 남학생 기숙사까지 같이 걸어도 되겠느냐고 물었다. 래리는 다소 꺼리는 듯했지만 예의 바르게 내 제안을 받아들였다. 래리와 함께 걸어가면서 나는 최대한 부드러우면서도 단호하게, 최근에 어떤 이야기를 들었다고 말했다. 학생 몇 명이 과학관 건물에 몰래 들어가서 중간고사 시험지를 훔친 사건이었다. 그 학생들 명단에 래리의 이름이 있다는 말이 돈다고 했다. 래리는 걸음을 멈추고 믿기지 않는다는 듯 나를 쳐다보더니 곧 괴로운 표정을 지으며 모든 것이 사실이라고 인정했다. 나는 래리가 '믿고 싶지만' 뜻대로 되지 않는 것이 이 사건과 상관이 있을지도 모른다고 생각했다.

　　나는 래리에게 제안했다. 그가 잘못을 바로잡을 뜻이 있다면 다리를 놓아 주겠다고 했다. 내가 미리 과학 교수를 만나서 래리가 그를 찾아가면 문제를 해결할 수 있도록 도와줄 생각이었다. 우리는 잠깐 함께 기도했다. 그리고 나머지는 래리에게 맡겼다. 이틀 후 래리가 전화를 걸더니 내 말대로 하겠다고 했다. 래리의 자백을 들은 과학 교수는 일단 그 시험에 대해서는 F를 주었다. 그러나 거기서 끝난 것은 아니었다. 래리가 점수를 끌어올려 그 과목 낙제만은 면하도록 기말고사 준비를 도와주겠다고 했다. 래리는 가까스로 낙제를 면했고, 어쨌든 유급은 당하지 않았다.

　　결국 이 사건을 계기로 래리는 회심했다. 지금 래리는 헌신된 그리스도인 사업가가 되어 교회와 사회에서 열심히 활동하고 있다.

다른 사람들이 순종하기 위해 믿어야 했다면, 래리는 믿기 위해 순종해야 했다.

이런 이야기를 하다 보니 음향 장치라곤 하나도 없는 조그만 시골 교회에서 말씀을 전하던 친구가 생각난다. 하루는 어떤 사람이 두 손을 귀에 바짝 갖다 대고 설교를 듣고 있더란다. 친구는 안 되겠다 싶어 설교를 잠시 멈추고 목소리를 높여 말했다. "성도님, 제가 목소리를 좀 더 크게 할까요?"

그러자 그 사람은 얼른 대답했다. "아닙니다. 그러잖아도 '듣는 것'이 '행하는 것'보다 훨씬 많습니다."

듣는 것과 행하는 것이 함께하듯 믿음과 순종도 마찬가지이다. 여기에 딱 맞는 찬송가 가사가 떠오른다. "의지하고 순종하는(Trust and Obey) 길은…."

작고 불완전한 믿음을 귀하게 보시다

"클수록 좋다." 우리는 흔히 이렇게 말한다. 그 말대로라면 제일 큰 것이 제일 좋다는 말이 된다. 이 세상에서 제일 큰 생물은 무엇일까? 코끼리? 고래? 캘리포니아주 숲속에 있다는 거목? 아니다. 그런 것들만큼 아름답거나 경이롭지는 않다. 세계 최대의 생물은 위스콘신주와 미시간주 경계 삼림 땅속에서 계속 커지고 있는 거대한 균류 덩어리다. 이 균류는 썩은 유기물과 나무뿌리를 먹으며 1,500년 동안 살아왔다. 이 균류의 면적은 자그마치 10헥타르이고 무게도 1,000톤에 달한다. 이 균류는 지금도 자란다. 지하에 서식하는 이 세포질 덩어리에는 '아밀라리아 불보사'(Armillaria bulbosa, 둥그런 팔찌)라는 재미난 학명이 붙어 있다. 언젠가는 여기서 유해 버섯이 대량으로 성장해서 지표면 밖으로 나와 급속도로 확산될 것이다. 하지만 걱정하지 않아도 된다. 현재 속도라면 밀워키까지 오는 데만도 160만 년 이상 걸리기 때문이다.[6]

예수님은 제일 큰 것이 제일 좋다고 여기지 않으셨다. 이 주제에 관한 한 과학자들도 같은 생각이다. 오늘날 가장 중요한 연구나 발견은 DNA, 컴퓨터 마이크로칩, 미세하지만 생명을 살리는 이식 조직 등 현미경으로나 볼 수 있는 작은 것들로 쏠리는 듯하다.

그나저나 우리의 믿음은 얼마나 크고 완전해야 하는 것일까? 예수님은 믿음의 '만약 …하기만 한다면'을 통해 우리에게 그 답을 들려주신다. 제자들이 왜 자기들은 귀신을 쫓아내지 못했느냐고 여쭙자 예수님은 말씀하셨다. "너희 믿음이 작은 까닭이니라 진실로 너희에게 이르노니 만일 너희에게 믿음이 겨자씨 한 알 만큼만 있어도(if) 이 산을 명하여 여기서 저기로 옮겨지라 하면 옮겨질 것이요 또 너희가 못할 것이 없으리라"(마 17:20). 예수님은 하나님 나라를 겨자씨에 비유하심으로써 '작은 것'의 능력을 강조하신 적이 있다. "이는 모든 씨보다 작은 것이로되 자란 후에는 풀보다 커서 나무가 되매"(마 13:32).

이렇게 생각할 수도 있다. '우리한테 큰 믿음이 없다는 것은 맞다. 정말 우리는 믿음이 작다. 하지만 아무리 작다 해도 믿음이란 회의나 의문이나 불신이 전혀 섞이지 않은 완전한 것이어야 한다.' 많은 사람이 이렇게 생각하기 때문에 나는 "겨자씨 한 알 만큼만 있어도"라는 '만약'(if)의 구절을 "네가 믿기만 하면"이라는 또 다른 '만약'(if) 구절과 결합해서 보아야 한다고 생각한다.

이 구절은 아들에게서 귀신을 내쫓아 병을 고쳐 달라는 아버지의 감동적인 기사에서 찾을 수 있다(막 9:14-29). 그 아버지는 예수님이 그런 일을 하실 수 있는 능력이 있는지 처음에는 확신하지 못했다. "무엇을 하실 수 있거든 우리를 불쌍히 여기사 도와주옵소서"(22절).

예수님은 거의 꾸짖는 투로 말씀하셨다. "할 수 있거든이 무슨 말이냐 믿는 자에게는 능히 하지 못할 일이 없느니라"(23절). 그러자 소년의 아버지는 즉각 소리쳤다. "내가 믿나이다 나의 믿음 없는 것을 도와주소서"(24절).

우리는 이 이야기가 어떻게 끝나는지 잘 안다. 예수님은 이 아버지에게 말씀하셨다. "분명한 사실은, 내가 이 일을 할 수 있다고 정말로 믿는 순전한 믿음이 네게 충분하지 않다는 것이다." 이어 예수님은 베드로를 보시며 나중에 전도 여행에서 돌아오는 길에 이곳을 다시 들르게 될 것인지 물으셨다. 베드로는 훌륭한 설교자들이 으레 가지고 다니는 검은색 수첩을 들여다보더니 말한다. "예, 주님. 3주 후에 다시 오게 될 것 같습니다." 그러자 예수님은 그 아버지에게 말씀하신다. "지금은 아이를 데리고 집으로 돌아가라. 더 큰 믿음을 가져야 한다. 의심을 다 버리고 완전한 믿음을 가져야 해. 그러고 나서 아들을 다시 데려오너라. 그때 봐서 네 아들 문제를 해결해 주마. 믿음을 갖도록 더 열심히 노력해!"

아니다! 절대 아니다! 예수님이 이런 분이 아니신 것이 얼마나 다행인가! 실제로는 어떻게 되었는가? 아버지의 믿고자 하는 간절한 열망과 참으로 아파하는 마음을 보시고, 또 도움을 청하는 그 절박한 외침을 들으신 순간, 예수님은 그의 작고 불완전한 믿음을 귀하게 보시고 아들의 병을 고쳐 주셨다. 이것은 '나의 고된 노력'을 뜻하는 '아비스'(avis)와 '은혜와 선물'을 뜻하는 '카리스'(charis)의 차이다. '카리스'를 구하는 사람은 "주여, 제게 은혜로 믿음을 선물로 주셔서 이 불신을 이기게 하소서"라고 기도한다. 또한 두 가지 유형의 '만약 …한다면'의 차이이기도 하다. 하나는 "믿음이 생기도록 내가 좀 더 열심히 노력하기만 한다면(if only)" 하는 것이고, 다른 하나는 "하나님이 믿음의 은혜를 주시지 않는 한 내 힘으로는 믿을 수조차 없다는 사실을 깨닫기만 한다면(if only)" 하는 것이다.

무슬림이 소개한 예수

성공회 병원에서 간호사로 일하는 영국인 선교사가 겪었던 이야기를 하려 한다. 좀처럼 믿기 어려운 이야기다.[7] 파키스탄 북서쪽 국경 지대의 페샤와(Peshawar)에 있는 병원이었다. 이곳은 사나운 부족민들이 살고 있는 험악한 산악 지역으로, 그들은 최근 러시아군을 격멸한 아프가니스탄 게릴라 투사들과 흡사하다. 키가 크고 힘이 세며 겁이 없는 전사요 종교적으로는 광적인 이슬람 신도들이다.

하루는 이 선교 병원에 수염이 텁수룩하고 지저분한 차림새의 딕(Dick)이라는 사람이 비틀거리며 들어섰다. 여기저기 떠돌아다니는 미국인 히피였다. 그는 이 지역에서 헐값에 팔리는 온갖 약물에 중독되어 있었고 성병에 간염까지 걸린 상태였다. 몇 주간 병원에 머물면서 좀 나아졌지만 퇴원하자마자 다시 약물이 주는 흥분 상태를 찾아 산지를 떠돌아다녔다.

어느 날 아메드라고 하는 나이 많은 부족 사람이 마을 근처 길가에서 의식을 잃고 쓰러진 딕을 발견했다. 노인은 자기가 믿고 있는 이슬람 규율에 따라 이 외국인 나그네에게 동정을 베풀지 않을 수 없었다. 그래서 이 사람을 들쳐 업고 집으로 데리고 갔다. 온 가족이 간호에 나섰다. 아메드는 한때 영국군 소속 군인이었기에 딕과 영어로 의사소통이 가능했다. 그는 딕의 약물 중독을 알게 되었다. 딕이 약물 없이 살 수 없다는 것을 알고는 약물을 구해다 주기까지 했다. 시간이 흘러 딕은 건강을 많이 회복했지만 약물 중독은 여전했다.

젊은 미국인 친구 딕을 진정 아꼈던 아메드는 어느 날 약물을 끊는 문제에 대해 말을 꺼내 보았다. 딕은 지금까지 수도 없이 시도해 보았지만 도저히 끊을 수 없었다고 말했다. 마지막으로 아메드는 이 끔찍한 중독에서 벗어나게 해 달라고 예수께 기도해 보라고 딕에게 권했다. 딕의 마음 깊은 곳에서 그가 어릴 적 다녔던 교회 학교가 희미하게 떠올랐다. 딕은 완전한 무기력과 절망 상태에서 부르짖었다. "예수님, 도와주세요. 주님을 믿을 수 있도록 도와주세요. 예수님, 도와주세요." 기적 중의 기적이 일어났다. 주님은 딕의 기도를 들어주셨고 그 중독에서 구해 주셨다.

몇 주 후, 겉모습도 행동도 완전히 달라진 딕이 수염을 깎고 깔끔한 차림으로 병원을 찾아왔다. 그는 그간 자신에게 무슨 일이 있었는지를 간호사에게 들려주었다. 간호사는 믿을 수가 없었다. 아메드가 독실한 이슬람 신도라고 알고 있었기 때문이다. 간호사는 아메드가 손자의 치료차 병원에 오는 날을 기다렸다가 딕 이야기를 꺼냈다. 아메드는 다 맞는 이야기라고 했다.

"아메드 씨, 하지만 어떻게 그럴 수 있나요? 아메드 씨도 그리스도인이세요?" 간호사가 물었다. "아닙니다. 알라만이 우리 하나님이고 마호메트가 그 선지자입니다." "그러면 왜 딕한테는 예수님께 기도하라고 했나요?"

노인은 잠깐 말이 없더니 이렇게 말했다. "보통 사람들, 즉 우리처럼 신앙 있는 사람들은 문제 될 게 없습니다. 하지만 딕같이 사탄에 완전히 붙들려 희망이 전혀 없는 사람이 붙들고 기도해야 할 이름은 딱 하나밖에 없다는 것을 알기 때문입니다. 오직 선지자 예수만이 사탄의 세력에서 사람을 구할 수 있습니다!"

"당신이 믿기만 한다면…." 그렇다. 저 멀리 척박한 땅의 험한 산지에 사는 독실한 이슬람 신도가 약물의 노예가 되어 방황하는 미국인 히피의 가슴속에 겨자씨만 한 작은 믿음을 심어도 산을 움직일 수 있고, 우리는 '하나님의 영광을 보게' 될 것이다.

"
예수께서 이르시되
풀어 놓아 다니게 하라 하시니라
(요 11:44)

"

9.
함께할 때 열리는 치유와 회복의 문

비난받을 염려 없이
죄와 실패를 고백하는
공동체

　　마르다와 마리아는 뭔가에 홀린 듯 열린 무덤 앞에 서 있었다. 예수께서 기도하시는 사이 이들의 믿음은 자라고 있었다. 이들은 비로소 믿기 시작했다. 예수님은 기도를 마치자마자 곧 큰 소리로 "나사로야 나오라"라고 부르셨다. 마르다와 마리아는 사람들과 함께 무덤 입구 어둠침침한 곳을 뚫어져라 쳐다보고 있었다. 그때 누군가 발을 질질 끄는 것 같은 바스락바스락 소리가 들렸다. "죽은 자가 수족을 베로 동인 채로 나오는데 그 얼굴은 수건에 싸였더라"(요 11:44). 여기저기서 탄성이 터졌다. 예수님은 두 자매에게 하나님의 영광을 보리라 말씀하셨었다. 이들은 그 말씀 그대로 과연 하나님의 영광을 보고 있었다. 4년처럼 느껴지던 지난 4일간의 괴로운 시련이 드디어 끝났다!

하지만 과연 끝났다고 할 수 있을까? 예수님은 하실 말씀이 아직 남아 있었다. 그래서 뒤로 돌아서셨다. 물론 나사로에게 하실 환영과 격려의 말씀도 있었을 것이다. 그러나 무덤도, 다시 살아난 나사로도 더 이상 시야에 들어오지 않을 만큼 완전히 뒤로 돌아서셨다. 그리고 두 자매와 그 친구들을 똑바로 보시며 말씀하셨다. "풀어 놓아 다니게 하라"(44절).

메시지는 분명하다. 예수님은 하나님의 은혜의 능력으로 자신만이 할 수 있는 일을 하셨다. 이제는 은혜의 능력으로 그들만이 할 수 있는 일을 해야 한다. 예수님은 하나님이 하실 일과 인간이 해야 할 일이 나뉘어 있음을 단언하셨다. 사람들의 병을 고치고 죽음에서 다시 살리는 하나님의 기적에서도 마찬가지다. 예수님은 사람이 해야 할 부분이 남아 있음을 분명히 하셨다. 그 일을 대신 해 주시지 않았고 나사로에게 하라고 하시지도 않았다. "풀어 놓아 다니게 하라"라고 사람들에게 명하셨다. 그것은 그들이 협력해야만 가능한 일이었다. 인생은 이런 일들로 가득하다.

1936년 여름, 디트로이트에서 믿기 어려운 사건이 벌어졌다. 시(市)는 갈수록 심해지는 도심 교통 문제의 해결책으로 도시의 주요 교통로라 할 수 있는 우드워드가를 확장하기로 했다. 한 가지 큰 문제가 있었다. 도시의 심장부인 우드워드가에는 미시간주에서 가장 역사가 오래된 개신교 집회의 본거지인 중앙감리교회가 있었다. 1860년 이래로 중앙감리교회의 거대한 첨탑은 사람들에게 하나님을 생각나게 했고 디트로이트 고유의 상징 건물이기도 했다. 그러나 대안이 없었다. 결국 도로 확장 명령이 떨어졌다. 시에서는 종루와 첨탑을 철거하고 건물 측면을 7미터 정도 헐기로 했다.

교회 지도자들은 이 명령에 따라야 한다는 것은 알았다. 하지만 교회를 보존할 다른 방법이 없을까? 가장 뛰어나다는 건축 전문가들에게 문의했으나 다들 고개를 저으며 얼굴을 찌푸릴 뿐이었다. 결국 큰 비용을 치르더라도 종루와 첨탑은 보존하기로 결정되었다. 그 방법은 예배당 일부를 헐어 낸 다음 첨탑을 동쪽으로 7미터, 남쪽으로 2미터 옮기는 것이었다.

정말 놀라운 것은 뛰어난 공학 기술을 자랑하는 디트로이트에 그 첨탑을 옮길 만큼 강하고 정교한 기계가 없다는 사실이었다. 높이 55미터에 무게가 2천 톤에 달하는 첨탑이었으니 말이다. 시에서도 은행과 호텔, 심지어 아파트까지 이전해 본 적이 있지만 이 첨탑만큼 육중하고 자칫하면 망가지기 쉬운 건물은 손쓸 도리가 없었다.

결국 런던 로이드사의 보험 승인이 떨어진 후, 영리한 건축 기사가 해결책을 제시했다. 첨탑 종루의 바닥 밑에 일곱 개의 대형 롤러 잭(roller-jack)을 넣고 첨탑을 끌어서 옮기는 방법이었다. 교회 측에서는 박자에 맞추어 일사불란하게 손으로 잭을 굴리는 방법을 배우겠다는 건장한 남자 일곱을 뽑았다. 곧 발판과 거대한 잭이 여러 개 만들어졌고, 여러 날 동안 이들은 함께 연습했다. 작업 전날 밤, 공사 책임자의 집 전화기는 인종과 종교를 초월하여 디트로이트 시민들이 걸어오는 전화로 쉴 새가 없었다. 이들은 그 오래된 첨탑을 사랑하는 마음에, 책임자가 자기 일의 중요성을 제대로 알고 있는지 확인하고 싶어 했다. 결국 그는 집을 나가 밤새도록 그 첨탑을 향해 고개를 든 채 공원에서 잤다. 기도를 드리며!

도시가 잠에서 깨어나기 전, 작업이 시작되었다. 훈련된 인도자가 일곱 사람 앞에 서서 마치 오케스트라를 지휘하듯 그들을 지휘했다. 그들은 모든 잭을 정확하게 같은 속도로 조심조심 동시에 굴렸다. 첨탑은 10센티미터 이동했다. 공원에서 이 광경을 지켜보던 공사 책임자는 온몸에 소름이 돋았다. 작업이 어찌나 느리게 진행되던지 종실 안에 있는 비둘기들이 날개 한 번 퍼덕이지 않을 정도였다. 그렇게 해서 몇 센티미터를 더 옮겼다. 이후 2주 동안 매일 아침 이 일곱 사람은 잭을 굴려서, 마침내 그 첨탑을 동쪽으로 7미터, 남쪽으로 2미터 옮겨 놓는 데 성공했다. 사람들이 힘을 합침으로써 개인이나 기계가 절대 할 수 없는 일을 해낸 것이다.

다시 살아난 나사로는 무덤에서 가까스로 나올 수 있었다. 오빠가 죽자 누이들은 시신에 향유를 뿌리고 세마포로 잘 싸매어 장례를 치렀다. 우선 나사로의 몸통은 세마포 한 자락에 싸여 있었고, 다리와 발과 팔과 손은 각각 감겨 있었으며, 얼굴과 머리는 또 다른 천으로 덮여 있었다. 이렇게 온몸이 천에 감긴 상태에서 사방을 더듬으며 무덤 밖으로 나온다는 것은 몹시 어려운 일이었다.

과거의 썩은 방식에서 풀려나려면

나사로는 자신을 꽁꽁 동여맨 질긴 세마포에서 스스로 벗어날 수 없었다. 누군가 세마포를 풀어 주어 그가 자유로이 움직이도록 도와주어야 했다. 예수님은 아직 일이 끝나지 않았다는 것을 아셨다. 나사로는 무덤의 모든 흔적에서 완전히 벗어나야 했다. 이것은 중대한 사실을 보여 주는 놀라운 그림이다. 대다수 사람은 과거의 수의에서 풀어 달라고 다른 사람에게 요청하지 않는 한, 진정 자신에게 필요한 치유와 회복을 경험하기가 어렵다.

여기서 간단한 심리적, 영적 원리를 찾을 수 있다. 은혜와 믿음을 가로막는 장애물은 대부분 과거에 경험했던, 건강하지 못하고 파괴적이며 죄로 가득한 인간관계의 산물이라는 점이다. 이런 것들은 생명의 방식이 아니라 사망의 방식을 좇아 우리에게 상처를 입히고 우리를 꽁꽁 묶어 감옥에 가둔다. 그리하여 우리는 도망치거나 싸우고, 경직되거나 희롱한다. 아니면 자신과 남들을 기만하려 하고, 삶의 문제를 다루거나 타인을 대하는 그릇된 방식을 만들어 낸다. 이런 태도들은 조용한 절망이거나, 생존의 몸부림이거나, 살아 있으나 죽은 것 같은 상태로 존재하는 것일 수 있다. 이는 우리의 전신을 꽁꽁 묶고 동여맨, 낡고 냄새나는 과거의 썩은 방식들이다. 이런 수의를 벗는 방법이 딱 하나 있는데, 건강하고 건설적인 인간관계를 현재에 경험하는 것이다. 이런 인간관계는 친밀감과 신뢰감이 있는 분위기에서만 가능하다. 이 점을 잘 표현한 고든 맥도널드의 말을 들어 보자.

> 교회 안에서도 사람들이 서로 뒤통수나 쳐다보고 있다면 친밀감은 생길 수 없다. … 대형 교회는 … 건강한 소모임을 함께 잘 운영하지 않으면 장기적으로 살아남지 못할 것이다. 사람들은 대규모 집회만으로는 성장할 수 없다. 믿음 안에서 성장하고 싶다면 예외 없이 어떤 형태로든 소모임에 속해야 한다.[1]

말할 것도 없이 성공적인 소모임의 열쇠는 하나님께 자신을 온전히 공개하는 방편으로서 서로에게 자신을 편히 공개할 수 있는 분위기다.

자신의 참모습을 고백할 때

지난 세대의 유명한 케직 사경회 강사였던 노먼 그러브(Norman

Grubb)는 그리스도인의 삶이란 지붕을 떠받치는 사면 벽으로 둘러싸인 집 안에 있는 사람과 같다고 비유했다. 사방의 벽은 우리를 다른 사람들에게서 분리시켜 이웃을 사랑하지 못하게 만드는 여러 죄들, 이를테면 욕심과 이기심, 원한, 용서하지 않는 마음, 부정직과 교만, 영적 가식 등이다. 지붕은 우리와 하나님 사이를 분리시키는 우리 쪽의 불순종과 불신을 비유한다.

그러브의 말에 따르면, 맨 처음 구원받을 때 성령께서 이 집의 지붕에 구멍을 하나 뚫어 주신다. 이렇게 하나님과 관계 맺는 길이 열려 우리는 그분과 대화를 나누며 사귀기 시작한다. 그 후로 말씀과 기도와 여러 영적 훈련을 통해 우리는 구멍을 계속 넓혀 나가고 그래서 하나님과 교제하고 은혜 안에서 성장할 수 있게 된다. 얼마 후 우리는 중대한 사실을 깨닫는다. 우리와 다른 사람들을 분리시키고 있는 벽을 다 헐어 버리면 지붕은 저절로 내려앉아 하늘이 완전히 열린다는 사실이다. 이런 행동에는 큰 대가가 따르지만 그럼에도 그 보상이 매우 크다고 그는 강조한다. 다른 사람들에게 자신을 공개할 때, 언제나 새롭고 더 멋지게 하나님께 자신을 공개하게 된다.

제2차 세계대전 중 독일군이 런던을 공습하자 사람들은 땅속 깊이 있는 지하철역을 대피소로 삼았다. 공습이 끝나고 해제 경보가 울리자 엄청난 인파가 바깥으로 나오느라 매우 혼잡했다. 당시 작은 식료품 가게를 운영하던 상인도 무사히 돌아와 가게를 다시 열었다. 장사가 잘 안되자 그는 자신이 무사히 돌아와 가게 문을 열었는지 사람들이 몰라서 그렇다는 것을 알았다. 그래서 출입구에 큰 글씨로 간판을 만들어 달았다. "예전처럼 문 열었음." 정말 그 간판 덕분에 매상이 금세 올랐다. 그러던 어느 날 근처에 폭탄이 떨어져 가게 앞쪽이 망가졌다. 물자가 부족하던 시절이라 부서진 곳을 수리하는 데 꽤 시간이 걸렸다. 할 수 있는 대로 최선을 다했지만 벌어진 틈새와 구멍이 여기저기 나서 초라해 보였다. 그는 간판에 몇 글자를 더 보태기로 했다. "예전보다 더 활짝 열었음."

신약성경은 우리 또한 "예전보다 더 활짝 열어야" 한다고 권면하며, 다른 사람을 대할 때 정직하고 투명해야 한다고 강조한다. 야고보는 온전한 치유와 회복에는 반드시 소모임의 은혜가 있어야 한다고 말한다. "그러므로 너희 죄를 서로 고백하며 병이 낫기를 위하여 서로 기도하라"(약 5:16).

초대교회 때부터 교회는 소모임의 은혜에 기초를 두고 있었다. "믿는 무리가 한마음과 한뜻이 되어 모든 물건을 서로 통용하고 자기 재물을 조금이라도 자기 것이라 하는 이가 하나도 없더라"(행 4:32). 우리는 이 구절이 소유물에만 적용된다고 생각하기 쉽다. 그러나 나는 그들이 물건을 다른 사람들에게 내줄 수 있었던 이유는 먼저 자신을 내주었기 때문임을 분명히 하고 싶다. 여기 "모든 물건"에는 자신에 대한 진실과 자신을 선하다고 여기는 가식까지 다 포함된다. 그 공동체에서는 흔히 말하는 '착한 그리스도인'을 찾아보기 어려웠다. 베드로는 예수님을 부인했던 사건을 스스로 잊지 않았을 뿐 아니라 다른 사람들도 잊지 않게 했다. 야고보는 험담과 거만함과 여러 죄들에 대해 마치 '직접 경험한' 사람처럼 기록한다. 이런 문제들을 혼자 힘으로 감당할 수 있다고 생각한 사람은 아무도 없었다.

　　AD 3세기부터 일대일 고해성사가 시행되면서 이런 공동체적 교제를 잃어버린 것은 얼마나 큰 비극인가! 결국은 밀폐된 고해실까지 나오고 말았다. 상담자라면 모두가 알고 있듯이, 일대일 고해가 아무리 가치 있다고 해도, 이것만으로는 인간의 많은 문제의 핵심, 즉 교만과 가식의 가면을 쓰고 하나님과 다른 사람들에게 자신의 참모습을 드러내지 못하는 문제를 제대로 처리하기 어렵다.

　　소모임에서 경험할 수 있는 은혜의 능력은 영국 대부흥기에 웨슬리 형제의 주도하에 대대적으로 재발견되었다. 교회사 학자들은 이 부흥의 공로를 전적으로 존 웨슬리의 성령 충만한 설교와 찰스 웨슬리의 영감 어린 찬송에 돌린다. 그러나 모든 사람이 동의하는 또 한 가지 사실이 있다. 당시 개인과 국가의 지속적인 변화를 가능하게 한 요인은 이런저런 명칭으로 매주 열린 소모임의 놀라운 능력이라는 것이다. 이런 소모임은 열두 명 이하의 초신자나 구도자들로 이루어졌고 그들 다수는 말 그대로 사회의 밑바닥 인생들이었다. 이들은 매주 성경을 공부하고 자신의 죄를 서로에게 고백하고 믿음으로 승리한 일을 간증하며 함께 기도했다. 인간을 변화시키는 이 놀라운 능력이 세상의 회복 단체들을 통해 재발견될 때까지 묻혀 있었으니 정말 가슴 아픈 일이다. 따지고 보면 알코올 중독자 갱생회나 기타 유사 기관들의 뿌리도 성공회 성직자 샘 슈메이커를 거쳐 옥스퍼드 운동과 초기 감리교 모임으로 거슬러 올라가는 명백한 기독교 원리에서 찾을 수 있다.

사랑으로 용납하는 공동체

역사의 시기마다 그 시기의 특징이라 할 죄와 문제들이 있었던 것 같다. 엄청난 풍요 속에 살아가는 우리는 예컨대 약물로 인한 쾌감, 마약, 알코올, 동성애, 성적 문란, 포르노를 포함한 성적 강박 현상, 도박, 소비, 폭식, 식생활 장애, 갖가지 질병 등 '풍요병'과 연결된 그 무엇에 중독될 가능성이 아주 높다. 우리 가운데는 현대판 '나사로'들이 많다. 그들은 그리스도 안에서 새 생명의 기적을 체험했음에도 이런 죄의 수의에 묶여 있다. 그 죄는 내가 지은 죄일 수도, 남이 나한테 지은 죄일 수도, 아니면 둘 다일 수도 있다.

평생 목회 상담을 하면서 배운 것이 있다. 이렇게 수의에 꽁꽁 싸여 있는 사람들은 소모임에서 누리는 은혜의 기본 요소 없이는 진정한 치유와 회복과 자유를 얻을 수 없다는 것이다. 지금까지 내가 참여한 모든 소모임에는 형태는 약간씩 달랐어도 세 가지 기본 요소가 있었다. 첫째는 애정 어린 용납과 지원, 둘째는 직면과 책임, 셋째는 개인 및 합심 기도다. 내 상담 사역의 변함없는 핵심은 사람들을 전반적인 교회 생활에 참여시킬 뿐 아니라 소모임, 즉 '교회 안의 교회'에도 참여시키는 것이었다.

각자의 죄와 유혹과 실패를 나눌 때 다른 이들이 비판하거나 판단하지 않고 사랑으로 용납하는 과정을 지켜보고 경험하는 것은 놀라운 일이다. 예를 들어 성 중독을 다루는 모임에서는 자신의 성적 경험을 처음부터 끝까지 글로 쓰는 시간이 있었다. 간혹 '싸구려 성인물' 같은 저속한 자서전이 나오기도 했지만 아무도 그 냄새 나는 무덤의 천 조각에 별다른 반응을 보이지 않았다. 제일 눈에 띄는 반응은 "우리는 이해합니다" 한마디였다. 그때 나는 바울의 고백이 자주 생각나곤 했다. 데살로니가에서 사역을 시작할 당시 자신의 태도를 고백한 구절이다. "도리어 너희 가운데서 유순한 자가 되어 유모가 자기 자녀를 기름과 같이 하였으니"(살전 2:7).

부드럽고도 단호한 사랑

끝없이 단조로운 어조로 "지금 기분이 어떻습니까?"라는 질문만 던지는 그런 일반 토의 그룹과 이 소모임을 혼동하지 않기 바란다. 바울은 곧이어 다음과 같이 덧붙인다. "우리가 너희 각 사람에게 아버지가 자기 자녀에게 하듯 권면하고 위로하고 경계하노니 이는 … 하나님께 합당히 행하게 하려 함이라"(살전 2:11-12).

내가 참여한 소모임들은 이런 측면이 너무나 분명했다. 그들은 관심 어린 눈길을 주고받으며 서로 사랑하고 챙겨 주었기 때문이다. 그들이 이런 말 하는 것을 쉽게 들을 수 있었다. "제가 교회에 안 가면 아무도 눈치채지 못하지만, 이 모임에 빠지면 한두 시간 안에 전화가 옵니다."

이런 배려는 서로의 죄를 직면하게 하고 스스로 책임지게 할 때 더 잘 드러났다. 다들 이런저런 핑곗거리를 잘 알고 있었고 각자 그런 핑계를 수없이 써먹은 경험이 있었기 때문이다. "어렸을 때 아버지가 갖고 있던 포르노 잡지를 봤어요." "저는 가끔 실수할 뿐 그렇게 나쁜 사람은 아닙니다." 이런 식으로 책임을 전가하는 온갖 '만약 … 만 했더라면'을 그들은 다 알고 있었고 그 모든 합리화가 '거짓의 아비'에게서 나온다는 것도 알고 있었다. 이들은 때로는 어머니처럼 참을성 있게, 때로는 권투 선수처럼 무섭게, 때로는 유익한 심리학 연구에서 얻은 깊은 통찰을 들려주면서, 때로는 자신에게 도움이 되었던 성경 말씀을 함께 나누며 서로 사랑하고 함께 애썼다.

이들은 언제나 서로를 위해 기도했다. 개인적으로도 하고 전화로도 함께 기도하고 정해진 시간에 그룹으로 모여 기도하기도 했다. 예수님이 약속하신 가장 전압이 센 '만약 믿기만 한다면'에 늘 플러그를 꽂고 있었던 것이다.

"진실로 너희에게 이르노니 무엇이든지 너희가 땅에서 매면 하늘에서도 매일 것이요 무엇이든지 땅에서 풀면 하늘에서도 풀리리라 진실로 다시 너희에게 이르노니 너희 중의 두 사람이 땅에서 합심하여 무엇이든지 구하면 하늘에 계신 내 아버지께서 그들을 위하여 이루게 하시리라 두세 사람이 내 이름으로 모인 곳에는 나도 그들 중에 있느니라"(마 18:18-20).

이들은 글자 그대로 수의를 풀어 묶여 있던 사람을 풀려나게 했다. 정말 평판이 좋은 사람들조차 "나는 지금 꽁꽁 묶여 있습니다", "나는 어쩔 수가 없습니다", "이 사람이나 이 문제에서 놓일 수 없을 것 같습니다"라고 절로 말하게 되는 고질적인 문제를 다룰 때면 나는 극단적 비유를 사용하기도 했다. 어떤 사람들은 이렇게 묻는다. "이 사람들은 얼마나 오랫동안 이런 회복 모임에 참여해야 합니까? 영원히 계속해야 하는 건가요?" 내 경험으로 볼 때 특정 중독, 특히 성적 탈선이나 약물 의존 등은 벗어나기가 오래 걸리고 때에 따라서는 평생 가기도 한다. 그러나 어떤 경우에는 특정한 모임에 너무 오래 머무르는 것이 잘못일 수 있다. 그렇게 되면 아예 과거에 갇혀 버려 치유법마저 문제의 일부가 될 수 있기 때문이다. 아니면 모임 자체가 초점과 에너지의 대상이 될 수도 있다. 그리스도와 그 몸 된 교회의 자리를 모임이 차지하는 일은 없어야 한다.

소모임에서 누리는 은혜의 변화시키는 능력을 접할 수 있는 기회는 많다. 예컨대 성경 공부 모임, 그리스도인 회복 모임, 이혼자 회복 모임, 독서 토론 모임, 교회 학교 분반 모임, 독신자 모임, 기혼자 모임, 자녀 양육반 등이다. 그 밖에도 수없이 많은 기회가 있다.

신학교에서 학생 사역을 할 무렵, 아내 헬렌은 '밀실 공포증에 걸린 신학생 아내들'을 위해 성경 공부 및 기도와 나눔 모임을 시작했다. 이들은 자녀를 둔 주부였고 직장 생활은 하지 않기로 한 상황이었다. 경제적으로 어렵기도 했지만 가장 힘든 것은 견딜 수 없는 고독과 고된 집안일이었다. 신학생인 남편들은 거의 종일 학교에 있었고 밤늦게까지 도서관에서 공부했다. 남편들이야 흥미로운 학문을 공부하고 동료 학생들과 교제하면서 늘 자극을 받았지만, 아내들은 '정서적으로 죽어 가고' 있었다. 우리는 십일조 일부를 사용해서 이 아내들이 매주 수요일 아침 목사관에서 모임을 갖는 동안 그들의 자녀들을 돌보는 방안을 마련했다.

이 모임은 15년 동안 계속되었고 나중에는 발 디딜 틈이 없을 정도로 많은 사람이 참여했다. 많은 상처와 고통을 나누고, 기도가 응답되었으며, 삶이 변화되었다. 결핍의 깊은 골짜기가 사랑과 기쁨으로 채워졌다. 이 모임은 우리가 은퇴한 후에도 계속되어 지금은 교회에서 모이고 있는데 그 모임 자체의 힘으로 자연스럽게 지속되고 있다. 무엇보다도 좋은 것은 이 모임이 영적 아메바처럼 배가했다는 사실이다. 이 신학생 아내들은 어디를 가든 그곳에서 이와 비슷한 소모임을 만들었다.

마침내 얻은 자유

몇 년 전, 나는 묶인 자를 푸는 소모임의 은혜의 능력을 수련회에서 목격한 바 있다. 잭과 루실은 두 아이를 데리고 꽤 멀리서 이 수련회에 왔다. 그들이 가진 희망은 거의 바닥나고 있었다. 루실과 딱 한 번 상담을 한 나는 본인의 허락하에 계속 루실을 위해 기도했다. 루실에게 정말 필요한 것이 무엇인지 하나님이 그에게 보여 주시기를 구했다. 루실은 모든 예배와 소모임에 성실하게 참석했다. 그날도 하나님이 우리를 위해 하신 일에 대한 간증 시간으로 모임을 마치려던 참이었다. 몇 사람이 간증한 뒤 루실이 일어나더니 한참 말없이 서 있다가 겨우 눈물을 참고 사람들 앞에서 이렇게 말했다.

뭐가 잘못된 건지 모르겠어요. 한 주간 내내 저는 여러분 주변만 맴돌았어요. 여러분이 하는 말은 저를 더 비참하게 만들었고 참석하는 모임마다 제 마음은 불편하기만 했어요. 물론 여러분 모두 저에게 참 잘해 주셨어요. 여러분은 저를 사랑해 주려 했는데 저는 그 마음을 그대로 받지 못했어요. 지금까지 수년간 남편은 저를 지극히 사랑해 주었지만 저는 오히려 더 화만 났어요. 어린 딸아이도 저를 사랑하려 했지만 저는 번번이 외면했어요.
이번 주에 마침내 스스로 인정하게 되었어요. 제가 평생 진정으로 원했던 것은 사랑받고 사랑하는 것이었다고 말이에요. 하지만 내게는 그럴 힘이 없었어요. 하나님의 사랑을 받아들일 수 없었거든요. 제게는 하나님을 향한 분노가 있었고, 이렇게 좋은 남편과 좋은 자녀들에게 감사하는 마음도 없었어요. 이번 한 주간, 저는 여러분 모두를 통해 그리고 특히 제 어린 딸아이를 통해 그 사랑을 보았어요. 여러분 모두가 제 딸을 사랑하는 것과 또 그 애가 여러분의 사랑에 반응하는 모습을 보았어요. 정말 놀라웠어요. 그리고 그 때문에 저는 더 공허해졌어요.

여기까지 말하는 동안 루실의 목소리는 점점 커졌고 마치 고함을 지르는 것 같았다. 루실은 절반은 우리에게, 절반은 하나님께 말하기 시작했다. 루실은 위를 올려다보며 이렇게 부르짖었다. "하나님, 용서해 주세요. 그동안 저는 너무 교만했고 너무 고집쟁이였고 너무 사랑이 없었어요." 그러더니 큰 소리로 기도하며 엉엉 울기 시작했다.

한 목회자가 좋은 뜻으로 루실의 말을 끊더니 "다 함께 찬양합시다"라고 말했다. 하나님의 성령께서 사람의 마음을 격하게 흔드실 때 우리 목회자들이 그 상황을 감당할 수 없어 마음이 불편해지다니, 정말 이상한 일 아닌가. 당시 총책임자였던 나는 그 목회자의 제안을 가로막으려고 나섰다. 그러나 그럴 필요가 없었다. 그의 말이 떨어지자마자 루실이 이렇게 말했기 때문이다. "아니에요. 할 얘기가 더 있어요. 이제부터 시작이에요. 다 얘기하고 싶어요." 그러더니 루실은 큰 소리로 기쁨의 울음을 터뜨렸다. "감사합니다, 하나님. 이제 자유로워요! 저는 자유로워졌어요! 다 사라졌어요. 난생처음 자유로운 기분이에요. 감사합니다, 하나님!"

옆쪽 아이들 방에 있던 루실의 딸이 엄마가 우는 소리를 들었다. 딸은 이쪽 방으로 달려와서는 "엄마, 엄마, 왜 그래?" 하며 엄마의 목을 끌어안았다. 루실의 남편 잭도 이미 울고 있었다. 이내 세 사람은 함께 부둥켜안았다. 순간 가슴이 뭉클했다. 이 모임에는 흑인이 스무 명 정도 있었는데 모두 노래를 부르며 하나님을 찬양하기 시작했다. 그제야 나는 함께할 자원자를 요청했고, 우리는 무릎을 꿇고 앉은 가족 위에 손을 얹고 그들의 온전한 치유를 위해 기도했다. 마치 오순절 교회의 천막 집회 같지 않은가.

그러나 이 일은 아주 보수적인 메노나이트(Mennonite) 교단의 어느 대학에서 있었던 일이다. 잭과 루실은 결국 사역자의 길에 들어서게 되었다. 루실은 오래전에 그리스도인이 되었고 교회에도 여러 해 다녔지만 이 소모임의 은혜의 능력을 통해서 최종적으로 수의를 벗고 자유를 찾았다.

코니 청이 진행하는 〈눈에는 눈으로〉(Eye to Eye) 프로그램에 블러즈워스라는 남자가 나온 적이 있다. 강간죄 및 살인죄로 기소되어 9년 동안 메릴랜드주 교도소 사형수 감방에서 복역한 사람이었다. 그는 DNA 감식 결과 최종 무죄 판결을 받았다. 석방 호출 전화를 받은 그는 수화기를 떨어뜨린 채 복도를 뛰어 내려갔다. 감방마다 돌아

다니며 그는 그 앞에 서서 큰소리로 외쳤다. "나는 자유다, 나는 자유다!" 이 사람이 감옥에서 나와 자기 차 안에 타는 모습을 마지막으로 프로그램은 끝났다. 차 앞뒤 번호판에는 '자유!'가 적혀 있었다.

풀어 놓아 다니게 하라

지금부터는 풀어 주는 일을 하도록 부름받은 사람들에게 소모임이 주는 의미를 나누고 싶다. 예수님은 죽은 자의 부활에 견줄 수 있을 만큼 좀처럼 믿기 어려운 엄청난 기적들을 사람들의 삶에서 행하셨다. 그런데도 우리는 예수님께서 명하시는 일을 하지 않을 때가 얼마나 많은가! 풀어 놓아 다니게 해야 할 사람들에 대해 우리는 옛 생각과 태도를 버리지 못하고 계속해서 그들을 수의로 꼭꼭 감아 둔다. 부활 이전의 부정적이고 회의적인 시각을 그대로 붙들 때가 얼마나 많은가. 우리가 이런 시각을 견지하는 한 그들이 이전에 걸쳤던 낡은 방식을 벗고 나온다는 것은 불가능하거나 아주 어려운 일이다. 여기가 바로 두 가지 '만약'이 만나는 곳이다.

우리가 믿으면(if) 영광을 볼 것이다. 마르다와 마리아가 예수님 말씀에 재빨리 순종하여 나사로를 풀어 놓았던 것처럼, 우리도 우리가 돌보고 있는 자들을 풀어 주기만 한다면(if only) 그보다 더 큰 영광을 볼 것이다.

우리가 만나는 사람들이나 우리 삶의 영역 가운데 예수께서 "풀어 놓아 다니게 하라"고 말씀하실 만한 것은 없는지 생각해 보라. 주님은 마르다와 마리아처럼 우리도 우리와 가장 가깝고 가장 사랑하는 가정 안에서 이 일을 시작하기를 원하실 것이다. 예를 들어 배우자를 생각해 보자. 우리는 자신의 배우자를 누구보다 잘 알거나, 적어도 잘 안다고 생각한다. 배우자의 기질과 특성, 행동하고 말하고 반응하는 방식을 안다. 배우자의 개성을 안다.

아내 헬렌이 내 개성을 쭉 생각하더니 개성(idiosyncrasies)이라는 단어가 'idiot'(바보), 'sin'(죄), 'crazy'(제정신 아님)의 고대 영어가 합성된 것이 아니냐고 한다. 사실 이 단어는 'person'(사람), 'with'(함께), 'mixture'(혼합)를 뜻하는 세 희랍어가 그 어원이다. 즉 '혼합된 기질을 가진 사람'이라는 뜻이다.

배우자와 가장 가까운 우리는 상대의 혼합된 다양한 특성을 말 그대로 모두 알고 있다. 한 가지 비극은 배우자가 변하지 않을 것이라고 때로 생각한다는 사실이다. 우리는 상대가 저 '무덤' 속에 너무 오랫동안 있었다고 혀를 차곤 한다. 이렇게 배우자를 칭칭 동여매다 보니 그 사람은 우리의 낡은 태도와 기대 밖으로 걸어 나올 길이 없다. 그러나 사실은 무덤이 아니라 쳇바퀴일 수도 있다. 이것은 대단한 차이다. 쳇바퀴는 양옆이 열려 있기 때문이다. 우리가 배우자를 풀어 놓아 다니게 한다면 그들은 쳇바퀴에서 빠져나와 변화될 수 있을 것이다.

우리 교회 평신도 전도 대회에서 간증한 부부가 기억난다. 그 아내는 이렇게 말했다. "오랫동안 저는 남편과 남편이 하는 많은 이상한 행동이 마음에 거슬렸어요. 특히 내 종교와 교회 생활을 반대하는 것이 불만스러웠죠. 나는 이렇게 기도하곤 했어요. '주님, 남편을 사랑해 주신다면 제가 남편을 변화시켜 볼게요.' 어느 날 낮은 목소리로 기도를 중얼거리고 있는데 하나님께서 이렇게 말씀하시는 것 같았어요. '네가 단단히 오해하고 있구나. 네가 남편을 사랑해라. 변화시키는 일은 내가 하겠다.'"

그 아내는 몇 마디 덧붙였다. 하나님의 은혜로 남편을 사랑하게 되자 2년이 채 안 되어 남편이 회심하고 교회에 나오게 되었다고 말이다. 지금 이 부부는 함께 각지를 순회하며 그리스도를 전하고 있다.

우리 자녀들에 대해서도 똑같이 말할 수 있다. 우리는 부모로서 자녀들을 가장 잘 안다고 생각한다. 사실 우리는 그들이 태어나기 전부터 그들을 사랑하며 보살펴 왔다. 우리는 자녀들의 손과 발과 눈과 머리가 되어야 했다. 우리는 그들의 소아과 의사, 약사, 교사, 요리사, 코치였다. 자녀들의 건강을 돌보고 아플 때는 간호했다. 우리는 자녀들을 위해 희생했고, 그들을 위해 기도했으며, 그들을 사랑했지만 때로는 죽이고 싶을 만큼 그들에게 화가 나기도 했다. 우리는 자녀들을 제대로 알지 못하면서도 알고 있다고 생각하는데, 그것도 자녀들이 사춘기나 성인이 되기 전 이야기다. 어느 날 이웃이나 중고등부 사역자나 학교 교장이나 경찰서에서 전화가 걸려 온다.

그제야 우리는 자녀들을 "풀어 놓아 다니게" 해야 한다는 사실을 깨닫는다. 우리가 싫든 좋든 말이다. 무덤의 수의에서 풀어 주라는 것이 아니다. 요람의 '강보'나 아이들이 어렸을 때 입혔던 옷, 하여튼 무엇이든 우리가 그간 아이들을 꼭꼭 싸매고 있던 그것을 풀어 주어야 한다. 자녀들은 우리의 것이 아니다. 우리의 필요를 만족시키려고 그들을 계속 묶어 두고 통제하려 드는 것은 잘못이다. 선교사요 목사로서 내가 말할 수 있는 것은, 부모로서 좋은 평판을 받기 위해 자녀들을 꽁꽁 묶어 두고 희생시키려는 유혹이 얼마나 강한지 모른다는 점이다.

'훌륭한 기독교 집안' 출신의 자녀들 또는 목사나 선교사 자녀들에게 이와 비슷한 말을 종종 듣는다. "사실이 아닐 수도 있지만, 제가 어렸을 때 제 주변 사람들은 한 인격체로서의 저에게 관심을 갖기보다 제가 그들의 평판에 어떤 영향을 미칠까에만 관심 있었던 것 같아요."

예수님은 우리에게 이렇게 말씀하실 것이다. "풀어 놓아 다니게 하라. 그들 스스로 성장하게 하라. 그것이 모험이라는 것은 나도 안다. 자녀들이 네 뜻대로 바른길을 가지 않을 수도 있으니 말이다. 그래도 풀어 주라. 자기 스스로 결정하고 그 결과를 책임지게 하라. 나란히 함께 설지언정 그 길을 막아서지는 말라. 우선 아이들을 믿어 주고, 너희들을 믿는다고 말해 주어라. 아이들이 자신에 대한 믿음을 갖지 못할 때에라도 너만은 믿음을 버리지 말라. 네가 자녀들에게 생명을 주었다면, 나는 그 자녀들에게 새 생명을 줄 것이다. 아이들을 내 손에 맡기고, 네 손은 아이들 위에 얹고 기도할 때만 사용하라. 이 아이들은 너에게 속한 것이 아니라 나에게 속한 아이들이다. 사랑이란 붙들어야 할 때와 내보내야 할 때를 아는 것이다. 풀어 놓아 다니게 하라. 그 아이들을 너보다 내가 더 사랑하기 때문이다."

각자의 삶에서 일어날 부활의 기적

한때 우리 집에는 고풍스러운 덮개식 책상이 있었다. 작은 칸막이와 서랍, 서류를 정리할 수 있는 선반이 달려 있어서 나는 그 책상을 무척 아꼈다. 적어도 잡다한 물건을 정리하는 데는 도움이 되었다. 이 책상 때문에 회개할 것이 생각난 적이 있다. 그리스도인이 된 초창기에 중대한 죄를 저질렀음을 깨달았기 때문이다.

나는 주님께 온전히 헌신해야 한다는 열정에 사로잡힌 나머지, 사람들을 고정된 범주에 집어넣어 영적으로 분류했다. 마치 칸막이에 서류를 분류하듯이 말이다. 이를테면 '구원받은 사람', '성령 충만한 사람', '세상적인 사람', '깊이가 없는 사람' 등이었고 그 외에도 지겨울 만큼 종류가 많았다. 나와 다른 각양각색의 사람들을 "풀어 놓아 다니게 하라"는 예수님의 명령을 지키지 못했던 것이다. 말하자면 칸칸이 무덤을 파고 사람들을 거기 묻은 셈이다. 그러나 정작 그

칸막이에 묻힌 것은 나였다. 나 자신에게 속아서 그 많은 놀라운 그리스도인들과 풍성한 교제를 나눌 기회를 놓쳐 버렸다.

그뿐만이 아니다. 아직 복음을 듣지 못한 사람들의 삶에 생명을 주시는 그리스도의 능력이 역사하도록 돕기는커녕 죄의 수의에 감긴 그들을 내버려 두었다. 나는 그들이 어떠어떠한 일을 하기만 했다면, 그런 일만 없었다면(if only), 지금과는 다른 모습이 되었을 것이고 마땅히 그렇게 되었어야 한다는 선입관이 있었다. 그들을 하나님의 사랑과 나의 사랑으로 감싸지 못하고, 의(義)에 대한 고정관념으로 그들을 줄곧 감아 두었다.

그리스도인 강사 겸 작가로 잘 알려진 유지니아 프라이스는 *The Burden is Light*(가벼운 짐)에서 자신의 회심과 그 후 은혜 안에서 성장하는 과정에 엘렌 라일리가 어떤 역할을 했는지를 이야기한다. 그리스도인이 되고 나서도 유지니아는 줄담배를 피웠고 걸핏하면 하나님을 모독하는 말을 하곤 했지만 친구인 엘렌은 줄곧 그의 곁을 지켰다. 유지니아는 엘렌에게 깊은 감사를 표하면서 이 모든 일을 기록했다. 유지니아의 신앙이 안 좋아져 한동안 모든 것을 부정하던 그때에도 엘렌은 결코 친구를 옛 생활의 수의로 다시 묶지 않았다. 엘렌은 때로 자신의 영적 평판이 손상될 위험을 감수하면서까지 변함없는 사랑으로 친구가 수의를 벗을 수 있도록 곁에서 이끌어 주었다.

유지니아는 다른 책에서 엘렌에 대해 다시 언급한다. "나는 내 경험으로 간증한다. 나를 그리스도께로 이끌어 준 그 친구가 성령께서 내 마음에서 일하시던 긴장된 초창기에 어떤 식으로든 행여 눈치로라도 나를 정죄했다면, 나는 지금 이 글을 쓰지 못했을 것이다."[2]

지금까지 하나님은 참으로 다양한 사람들이 있는 다양한 상황에 나를 놓아 두셨다. 그래서 나는 시야를 넓히지 않을 수 없었다. 정말 감사한 일이다. 하나님은 그 다양한 사람들 속에서 정말 다양한 방식으로 일하고 계셨다. 하나님과 하나님이 일하시는 방법에 대한 나의 제한된 시각은 서서히 그러나 분명히 점점 넓어졌다. 무엇보다도 좋았던 것은 하나님께서 내게 다른 사람들을 칭칭 동여맸던 천 자락 벗기는 법을 가르쳐 주심으로써 사실상 내 수의를 벗기셨고 나를 당신 뜻대로 쓰실 수 있는 도구로 만드신 것이다. 정말 놀라운 방법으로 사람들의 중심을 다루시는 하나님을 만난 것이 내 삶에 얼마나 큰 유익이었는지 모른다.

예수님은 오늘도 우리 사역자들에게 "풀어 놓아 다니게 하라"고 명령하신다. 사람들의 결점을 고착화된 것으로 여기거나 그들의 죄와 실패를 그대로 콘크리트에 묻지 말고, 모든 사람을 향하여 소망을 품고 구속적(redemptive) 태도를 유지하라고 하신다. 수많은 사람들이 현 상태를 벗어나지 못하는 까닭은 그들이 향상될 수 있다고 우리가 믿지 않았기 때문임을 그분은 새삼 보여 주신다. 그들이 변화될 수 있다는 믿음이 우리에게 없으면 그들은 정말로 변화되지 않는다. 우리는 그들만 묶어 둔 것이 아니라 그들을 풀어 주시려는 하나님의 손마저 묶어 두고 있다. 사랑이란 '모든 것을 믿는' 것이요, 믿음이란 '하나님은 다 하실 수 있다'는 것을 인정하는 것이다.

한 젊은이와 몇 주에 걸쳐 상담하던 중 이제 결단의 순간이 왔음을 확실히 알았다. 과거의 '만약 …만 했더라면'을 몽땅 버린다는 것은 그에게 정말 두려운 모험이었다. 그는 지금까지 자기가 달라질 수 있다고 '믿으려 무진 애를 썼지만' 별다른 진전이 없었다고 했다. 그가 막 방에서 나가려는 찰나 나는 엉겁결에 이렇게 말했다. "걱정하지 말아요, 톰. 나는 우리 둘 다 분명히 잘 해낼 거라고 믿어요." 톰은 아무 대답도 하지 않았고 희망을 품었다는 내색도 전혀 없었다. 내 말에 별 느낌이 없었던 모양이었다.

그날 오후 톰은 기도 소모임에서 친구들을 만나기로 되어 있었다. 너무 낙심하여 가고 싶지 않았으나 막판에 그냥 참석하기로 했다. 톰은 그날 상담 시간에 느꼈던 낙심된 마음을 털어놓았다. 성령께서 역사하고 계심이 분명했다. 그의 친구 역시 별 생각 없이 말했다. "걱정하지 마, 톰. 우리는 여기 있는 사람들이 다 잘 해낼 거라고 믿어. 물론 너도 그러리라고 믿어." 하나님은 두 번 똑같은 말이 반복되는 '우연'을 사용하셔서 그의 마음에 작은 불씨를 당기셨다. 잠시 후 그 불씨에 작으나마 믿음의 불이 붙었고, 그 불꽃은 점점 밝게 타오르기 시작했다. 모임이 끝나기 전에 톰은 자주 인용되는 존 웨슬리의 말처럼 "마음이 이상하게 뜨거워지는 것을 느꼈다." 그때를 기점으로 톰의 삶은 변화되었다. 그렇다. 우리가 하나님을 믿고 사람들을 풀어 준다면 부활과 해방의 기적은 오늘도 각자의 삶에서 계속될 것이다.

“

당신들은 나를 해하려 하였으나
하나님은 그것을 선으로 바꾸사…
많은 백성의 생명을 구원하게 하시려
하셨나니
(창 50:20)

10.
피해자에서 승리자로

피해의식의 담을
뛰어넘을 때 보이는
하나님의 섭리

진정한 피해자였으나 하나님의 능력으로 승리자가 된 사람이 우리 주님 외에 성경에 또 누가 있을까? 가족의 죄, 친구들의 과오, 전반적 상황 때문에 피해를 입었지만 모든 것을 뚫고 당당히 승리자가 된 사람. 이 조건에 완벽하게 부합하는 사람을 한 명만 꼽으라면 바로 요셉이다. 그래서 요셉은 그리스도를 닮은 구약의 인물로 지칭되기도 했다. 요셉의 생애를 잘 살펴보면 다른 사람의 잘못 때문에 피해를 입은 삶의 영역에서 어떻게 승리할 수 있는지 그 비결을 발견할 수 있다.[1]

이스라엘의 위대한 족장이요 요셉의 아버지인 야곱은 죽기 직전에 당시 흔히 하던 일을 한다. 아들들을 다 모아 놓고 출생 순서에 따라 이름을 부르며 각 아들의 특징을 읊는 것이다. 이 아들들이 이스라엘 열두 지파의 시조가 되기에 이것은 중요한 일이었다.

창세기 49장 22-26절에서 야곱이 요셉에 대해 하는 진술은 이 주제와 잘 맞아떨어진다. 야곱은 아름다운 은유를 사용하여 요셉을 포도나무 가지로 그린다. 이것은 요셉의 생애와 더할 나위 없이 잘 어울리므로 우리도 10장에서 이 상징을 사용하고자 한다.

"요셉은 무성한 가지
곧 샘 곁의 무성한 가지라
그 가지가 담을 넘었도다"(22절).

포도나무 가지는 달라붙는다. 위로 올라가기 위해서 달라붙는다. 위로 오를 뿐 아니라 앞길을 막는 것이 있으면 그것이 무엇이든 타고 넘어간다. 요셉의 가지는 상상할 수 없을 정도로 다양한 벽을 넘었다. 요셉은 장벽을 넘지 않을 구실을 대기 위해 '만약 …만 했더라면'을 되뇌며 뒤를 돌아본 적이 없다. 단 한 번도 없다. 요셉은 그럴 만한 이유가 분명히 있었음에도 결코 책임 전가 싸움을 벌이지 않았다. 그저 믿기 위해, 즉 '의지하고 순종하기' 위해 바싹 달라붙어 오를 뿐이었다. 결국 그는 그를 가로막는 모든 벽을 뛰어넘을 수 있었다.

그는 장벽을 넘은 사람이다. 요셉이 넘어선 여러 피해의 벽을 생각해 보자.

장벽 1: 역기능 가정

우리는 요셉의 삶을 장밋빛 색안경을 끼고 보면서 낭만적으로 그리는 경우가 있다. 창세기 29-31장, 34-35장을 읽어 보면 그의 집안 배경을 알 수 있다. 기원전 2000년대의 사회 풍습과 구조는 오늘날과 완전히 달랐다. 그럼에도 우리 시대의 역기능 가정과 비슷한 점들도 있다.

당시는 한 남자가 여러 아내와 첩을 두고 사는 일부다처제 사회였다. 사회학자들은 현대 사회의 이혼율과 재혼율을 감안하여 이 사회를 '연속적 일부일처제'라 부른다. 한 번에 한 명이기는 하나 배우자가 여럿이기는 마찬가지라는 말이다. 또한 당시에는 첩들마다 자녀를 낳다 보니 서자 비율이 높았으며 아버지가 다른 형제자매도 많았는데, 이것도 현대사회와 유사하다.

야곱의 가정은 실제로 여러 가계(家系)가 한데 모여 이루어졌다. 야곱의 두 아내 레아와 라헬 그리고 그들의 두 여종이 모두 열두 아들을 낳았다. 여러 어머니, 형제자매, 이복 형제자매, 조부모 등 엄청난, 그러나 서로 조화를 이루지는 못한 대가족이었다. 이따금 유혈과

폭력이 난무하는 이 가족의 생생한 이야기를 읽다 보면, 우리는 이기심, 갈등, 편애, 질투, 증오, 복수, 정욕, 강간, 근친상간, 속임수, 심지어 집단 살인까지 마주하게 된다. 이만하면 미니 시리즈로 만들어도 손색이 없을 것이다.

예전에는 결혼과 가정 상담에 별도의 기록이 필요 없었는데 지금은 복잡한 가계도를 그려야 한다. 부부를 앞에 두고 이런 말을 해야 할 때도 여러 번 있었다. "남편 쪽 자녀, 아내 쪽 자녀. 그리고 두 분 사이의 자녀는 알겠는데, 지금 이 아이의 자리는 찾을 수가 없군요." 그러면 그들은 '이혼 고아'에 대해 설명해 준다. 이혼 고아란 예전 배우자의 자녀로 그 배우자가 아이를 버리고 나가는 바람에 현 부부 가운데 한 사람이 입양한 아이다.

몇 년 전, 회교 지도자 한 사람이 아내들과 자녀들, 종들을 다 데리고 수술을 받으러 미국에 왔었다. 그들은 숙박을 위해 인근 호텔 한 층 전체를 빌렸다. 지방 일간지에서는 이들 무리를 '가족'이라 불렀다. 하지만 〈타임〉 기자는 이들이 가족보다는 '부족'에 가깝다고 말했다. 요셉의 경우에도 가계도를 그려 본다면 부족이나 아예 요지경 속이라 부르는 편이 나을 것이다. 바로 이러한 역기능 가정이 포도나무 가지 요셉이 뛰어넘어야 할, 더 정확히 말하면 타고 넘어야 할 첫 번째 벽이었다.

얼마 전 우리는 어느 부모에게서 뒤늦은 출산 소식과 함께 갓 태어난 둘째 아들 사진을 받았다. 사진 뒷면에는 아이 엄마가 쓴 짧은 글귀가 있었다. "6년 전 저희 부부를 통해 출범된 새 부족(New Tribe)에 인원이 추가되었음을 알려 드립니다."

내막을 간단히 설명하자면, 헬렌과 나는 상담이나 약혼자 세미나나 결혼 생활 세미나에 참석한 많은 부부들에게 그런 표현을 쓰곤 했다. 그런데 지금 이 엄마가 그 문구를 사용한 것이다. 역기능 가정에서 성장한 두 사람이 결혼하면서 그들의 성장 배경이 그들의 자녀들에게 미칠 영향을 우려할 때마다 우리는 그들에게 이렇게 도전하곤 한다. "생각해 보세요. 하나님은 당신들의 삶 속에서 치유 과정을 시작하셨습니다. 아직 종착지에 이른 것은 아닙니다. 하지만 당신들은 이미 온전함과 회복으로 가는 길에 들어섰습니다. 하나님은 두 분을 하나 되게 하셨고 하나님 그분을 위해 온전한 새 부족(New Tribe)을 출범시키셨습니다."

한번은 위의 격려의 말과 함께 상담 시간이 끝나자 한 남편이 이렇게 말했다. "저는 목사님 부부가 연합감리교 소속 선교사이신 줄 알았는데 오늘 말씀을 듣고 보니 '새 부족 선교회'(New Tribes Mission: 현재 이름은 Ethnos360 — 옮긴이)에서 일하시는 분들 같습니다."

나는 목회자와 상담가, 청소년 사역자들이 설교하거나 교육할 때 기독교적 가정을 최대한 강조할 뿐 아니라 사역에 또 한 가지 중요한 측면을 더하라고 권하고 싶다. 상처받은 개인이나 부부들과 함께 기도할 때마다 십자가의 능력과 권세를 주장함으로써, 세대를 거쳐 가정에 전해 내려와 그들을 옭아매는 죄의 사슬을 깨뜨리라고 말이다. 우리가 지겹도록 듣곤 했던 '훌륭한 기독교 가정' 출신 사람들은 이제 교회에서 점점 찾아보기가 어렵다. 하지만 걱정하지 않아도 된다. 창세 이래로 "아브라함과 이삭과 야곱의 하나님"은 깨어져 엉망이 된 가정과 거기서 받은 상처로 혼란에 빠진 아이들을 택하셔서 기적을 일으키시고, 새로운 피조물로 재창조하시는 일에 뛰어나신 분이니 말이다. 역사상 가장 어두운 금요일을 세상에서 가장 밝은 주일인 부활의 날로 바꾸신 하나님께 달리 무엇을 기대하겠는가! 이제는 그 어둡던 날조차 '성(聖) 금요일'이라고 부르지 않는가.

과거를 돌아보면서 "내가 더 좋은 가정에서 태어나기만 했다면!"이라고 말해도 되는 사람이 있다면 바로 요셉이다. 그러나 요셉은 누군가를 비난하는 일이 아니라 하나님을 믿는 일에 에너지를 쏟았다. 창세기 41장 51-52절에 나오는 놀라운 말씀을 눈여겨본 적이 있는가? "요셉이 그의 장남의 이름을 므낫세('잊어버림')라 하였으니 하나님이 내게 내 모든 고난과 내 아버지의 온 집 일을 잊어버리게 하셨다 함이요 차남의 이름을 에브라임('두 배로 창성함')이라 하였으니 하나님이 나를 내가 수고한 땅에서 번성하게 하셨다 함이었더라."

장벽 2: 질투와 학대

요셉을 시기하던 형들이 열 명이었으니 사실상 요셉을 둘러싼 벽도 열 개였다. 야곱이 임종 자리에서 회상한 말에 다음 내용이 있다.

"활 쏘는 자가 그를 학대하며
적개심을 가지고 그를 쏘았으나"(창 49:23).

분노한 형들이 요셉에게 행한 일을 시적으로 표현한 말이다. 이 끔찍한 기사는 창세기 37장에 자세히 기록되어 있다. 아버지 야곱은 형들의 안부를 알아보라며 십 대였던 요셉을 심부름 보낸다. 요셉의 형들은 도단에서 양을 치고 있었는데, 거기까지는 이틀 거리였다. 그 후에 일어난 사건은 마치 그림처럼 생생해서 주일학교 아이들도 잘 알고 있다. 아름다운 '채색 옷'을 입은 요셉이 멀리서 오고 있었다. 요셉에 대한 시기심으로 가득한 형들은 이 '꿈꾸는 자'를 죽이려고 하지만 르우벤의 만류로 빈 구덩이에 던져 넣기로 한다.

몇 년 후, 형들은 자신들의 비열한 행위에 대한 죄책감을 고백했다. "우리가 아우의 일로 말미암아 범죄하였도다 그가 우리에게 애걸할 때에 그 마음의 괴로움을 보고도 듣지 아니하였으므로 이 괴로움이 우리에게 임하도다"(42:21). 형들이 던져 넣은 죽음의 공간에서 메아리치던 요셉의 비명이 지금도 들리는 듯하다. 형들은 요셉의 애걸을 무시한 채 점심을 먹었다. 그들은 정말로 요셉이 거기서 죽기를 원했다. 그런데 마침 애굽으로 가는 노예 무역상이 다가오자 당시 남자 노예 몸값이었던 은 스무 개를 받고 요셉을 팔아 버린다. 그들은 요셉이 입었던 고운 옷에 염소 피를 묻혀 야곱에게 내보이면서 요셉이 짐승에게 죽임을 당한 것처럼 말한다.

　이들의 행위는 잔학 행위, 아동 학대(당시에는 십 대도 아동에 속했다), 유기, 살인 미수, 가족 인신매매 등의 죄목에 해당한다. 요즘 같으면 이 가운데 한 가지 범죄만 당해도 당연히 피해자로 인정될 것이다. 그런데 이 모든 일을 한꺼번에 당했으니 요셉에게는 피해자, 피해의식 등 피해와 관련된 온갖 말이 다 적용된다고 할 수 있다. 요셉은 형들을 증오하고 절대 용서하지 않을 권리가 있다고 말할 사람들도 많을 것이다.

　앤드루 배크스는 아동 보호에 평생을 바친 변호사다. 그는 아동 학대를 주제로 생생한 소설 여러 편을 쓰기도 했다. 그는 〈퍼레이드〉 최근 호에 "치유는 자신의 마음속에"(You Carry the Cure in Your Heart)라는 제목의 글을 기고했다. 내가 지금까지 읽어 본 신체적·성적·정서적 학대에서 비롯되는 상처를 묘사한 글 가운데 가장 좋은 글이었다. 이 글의 일부를 소개한다.

　아동 학대에는 여러 유형이 있다. 그중 가장 잔혹하고 오래가는 것은 정서적 학대일 것이다. 이것은 다른 사람을 체계적으로 깎아내리는 것이다. 의도적일 수도 있고 무의식적일 수도 있으며 둘 다일 수도 있지만, 일회적 사건이 아니라 항상 연속적 행동으로 이루어진다. 정서적 학대는 피해 아동이 자신을 아무런 가치도 없는 존재로,

즉 존중받을 자격이 없고 친구를 가질 자격도 없으며 모든 아동의 당연한 권리인 애정과 보호를 받을 자격이 없는 존재로 여기도록 아동의 자아 개념을 약화시키는 행위다.

배크스는 아동 학대 피해자들에 대해 우리가 생각하는 어떤 가정(假定)이 매우 위험하다고 말한다. 그것은 '피해 아동이 어른이 되고 나면 다 극복하게 된다'는 가정이다. 정서적 학대는 마음에 아픔을 남기고 영혼에 상처를 입힌다. 이것은 마치 암과도 같아서 보이지 않는 내면에서 치명적인 활동을 하고, 이를 제대로 치료하지 않으면 상태는 점점 악화된다.

배크스의 글은 책임감 중시 및 자존감 회복 면에서 탁월한 부분이 많다. 그가 강조하는 바에 따르면, 피해자는 학대자를 이해하거나 사회에 복귀시켜야 할 의무가 전혀 없다. 나는 이 주장에 전적으로 동의한다. 그러나 그가 제시하는 치유 처방 중에 내가 동의할 수 없는 부분이 하나 있는데, 그것은 가해자를 절대 용서해서는 안 된다는 주장이다.

"치유되려면 가해자를 용서해야 한다." 이것은 지독히 유해한 신화일 뿐이다. … "용서해야" 한다는 부담감으로 괴롭힘당하는 피해자는 사실 불리한 조건을 가진 조력자이다. … 가해자는 용서받을 권리가 전혀 없다. 그런 복은 응분의 대가를 치른 후에야 받을 수 있

다. 비록 말로 상처를 입혔을지라도 진정한 용서의 다가는 행동으로만 치를 수 있다.[2]

이런 태도를 가진 세속적인 상담가들이 많이 있다. 이들은 내적 힘과 자존감, 새로운 정체성을 얻으려면 가해자들에 대한 분노와 원한을 버리지 말라고 주장한다. 여기에는 가해자에 대한 분노와 고통의 감정을 솔직히 표현하는 것이 건강한 태도라는 반쪽짜리 진리도 한몫한다.

에베소서 4장 26-27절에 기록된 바울의 경고에 의하면 분노는 영적으로 건강한 일이다. 그러나 원한으로 남을 때까지 계속 분노를 품는 것은 바람직하지 않고 마귀에게 공격의 빌미를 준다. 예수님은 '우리에게 죄지은 자'를 용서하는 것 외에 다른 방안을 주신 일이 없다. 예수님은 우리가 다른 이의 죄를 용서하지 않으면 하나님도 진실로 우리의 죄를 용서하실 수 없다는 사실을 강조하셨다(마 6:14-15; 18:35; 막 11:25; 눅 6:37).

순전히 의학적, 심리학적 관점에서 보더라도 세속적인 상담은 부정확할 뿐만 아니라 문제를 악화시키기만 한다. 가해자를 용서하는 것은 신체적 건강과 정서적 건강에 절대적 기본이다. 조금도 놀랄 일이 아니다. 우리는 하나님의 형상대로 지음받은 자들로서 하나님이 심어 놓으신 법칙을 따라 기능하도록 만들어졌다. 그러므로 도덕적으로 옳은 행동이 언제나 건강한 행동이 될 수밖에 없다.

지난 10년간 세심한 과학적 연구 결과를 바탕으로 한 책들이 입증한 결론에 따르면, 분노와 적의를 품고 남을 용서하지 않는 마음은 각종 정서 질환은 물론 심각한 심장 질환에도 직접적 영향을 끼친다. 듀크대학교 의학부의 레드포드 윌리엄스 박사는 이 분야에서 선두에 있는 연구자다. 나는 그의 책 *The Trusting Heart*(믿는 마음)[3]을 읽는 내내 '이건 처음 듣는 얘기가 아니라 어디서 다 들어 본 건데' 하는 생각이 줄곧 들었다. 그러다 갑자기 기억이 났다. 2천 년 전에 예수 박사(Dr. Jesus)께서 '산상수훈'이라는 짧은 논문으로 이미 발표하신 내용이었다. 그렇다. 예수께서 계시를 통해 직접 보여 주신 진리이든, 사람들이 이성으로 발견해 낸 진리이든, 하나님의 진리는 똑같다.

내 상담 경험을 보아도 용서의 중요성은 여실히 입증된다. 가해자를 용서하지 않고 쓴 뿌리를 계속 품고 사는 피해자는 가해자로부터 진정 자유로울 수 없다. 의식적으로나 무의식적으로나 모든 생활이 가해자 중심으로 돌아가게 된다. 많은 사람이 이렇게 말한다. "먹을 때, 일할 때, 놀 때, 심지어 꿈에서까지 그야말로 무슨 일을 하든 내가 가해자를 생각하고 있다는 것을 알았습니다. 그 사람과 사슬로 묶여 있는 기분이었습니다. 그러다 보니 제 건강도 나빠졌고 감정도 불안하고 대인 관계도 어려웠습니다. 그를 용서하고 복수심을 버리고 나서야 진정 그 사람에게서 벗어났다는 기분이 들었습니다. 그제야 비로소 제 실패에 대한 그럴듯한 변명과 책임 전가를 버리고 내적 평안을 찾았으며, 건설적인 인간관계를 맺고 원만한 삶을 살 수 있었습니다."

이런 점에서 요셉의 용서하는 마음은 정말 놀랍다. 특히 그 당시에는 복수와 보복이 법적 권리이자 도덕적으로도 옳다고 여겨졌기 때문에 더욱 그렇다. 요셉에 대한 야곱의 묘사를 다시 한 번 살펴보자.

> "활 쏘는 자가 그를 학대하며 적개심을 가지고 그를 쏘았으나 요셉의 활은 도리어 굳세며(그의 활이 그대로 있으며, NIV) 그의 팔은 힘이 있으니(그의 강한 팔이 유하게 있으니, NIV) 이는 야곱의 전능자 이스라엘의 반석인 목자의 손을 힘입음이라(이스라엘의 반석이신 목자를 인함이라, NIV) 네 아버지의 하나님께로 말미암나니 그가 너를 도우실 것이요"(창 49:23-25).

요셉은 형들의 질투와 적의에 찬 날카로운 화살의 피해자였다. 그러나 애굽 총리가 되어 당당한 권세로 형들을 벌할 기회가 왔음에도 결단코 형들에게 화살을 되쏘지 않았다. 시위를 당겨 화살을 쏘려면 팔에 힘을 잔뜩 주어야 한다. "강한 팔을 유하게" 두어서는 불가능한 일이다. 이는 요셉이 독한 마음을 품지 않았고, 그 팔에 힘을 주지도 않았으며, 제 손으로 복수에 나서지 않았다는 사실을 멋있게 표현한 것이다. 요셉은 모든 것을 "이스라엘의 반석이신 목자 … 전능자"의 손에 맡겼다. 피해자 요셉은 피해의식을 거부한 채 가해자를 용서하고 승리자가 되었다.

    요셉의 이야기에는 용서와 화해의 중요한 차이가 아주 잘 드러나 있다. 성경은 용서하기만 하면 가해자와 자동적으로 화해하게 된다고 보장하지 않는다. 많은 그리스도인이 그렇게 생각하다가 화해가 이루어지지 않으면 잘못된 죄책감을 갖곤 한다. 화해란 상대편이 가담해야 하는 양방 통행인데, 상대편은 화해하려는 의지가 없을 수도 있다. 그래서 용서는 일방통행이 되어야 하는 경우가 많다. 우리는 항상 화해하려는 마음을 품어야 하지만, 하나님의 시간을 기다려야 한다. 경우에 따라서는 영원히 화해가 불가능할 수도 있다. 요셉은 오래전에 형들을 용서했지만 화해가 이루어지기까지 20년 넘게 기다려야 했다. 물론 용서와 화해가 동시에 일어날 수도 있다. 〈뉴스위크〉에 실린 사건이 그런 경우에 해당한다.

> 피해의식과 책임 전가 문화에서 공적인 용서 행위를 목격하기란 좀처럼 힘들다. 지난주에 그 일이 일어났다. 시카고의 조지프 버나딘(Joshep Bernardin) 추기경은 스티븐 쿡(Stephen Cook)에게 눈물로 화해의 뜻을 보였다. 쿡은 1970년대에 자기를 성희롱했다며 1993년에 버나딘 추기경을 고발했다. 나중에 그는 자신의 기억이 믿을 만하지 않다는 말과 함께 천만 달러가 걸렸던 소송을 취하했다. 말할 것도 없이 용서는 복음서의 핵심이다. … 그러나 요즘 같은 보복의 시대에 진정한 용서의 행위는 자신의 죄를 시인하는 것 못지않게 보기

힘들다. 필라델피아의 어느 신학교에서 그들은 약 두 시간 동안 만남을 가졌다. 쿡은 추기경에게 '자신의 영혼 깊은 데서부터' 사과했다. 쿡은 추기경에게 굳이 자신의 눈을 바라보라고 한 다음 버나딘 추기경은 그런 일을 한 적이 없다고 말해 주었다. 버나딘 추기경은 감격했다. … "이 일로 영적으로 자란 것 같습니다." 추기경의 고백이었다. 이 화해를 통해 두 사람 모두 책임 전가에 종지부를 찍었고, 그 순간 피해자의 신분도 끝났다.[4]

장벽 3: 거짓 고소와 거짓 약속

포도나무 가지 요셉은 그 밖에도 몇 가지 더 피해의식의 벽을 넘었다. 애굽에서 바로의 시위대장 보디발의 가정 총무가 된 요셉은 그 집의 제반 업무를 다 위임받았다. 보디발의 아내는 이 준수한 젊은이에게 마음이 끌려 성적으로 추근대기 시작했다. 그러나 요셉은 이 여자의 끈질긴 유혹을 거부했다. 그 뒤에 일어난 사건은 윌리엄 컨그리브의 말이 맞다는 것을 입증한다.

미움이 된 사랑만큼 무서운 분노는 하늘에도 없고,
거절당한 여자만큼 사무친 원한은 지옥에도 없다.

어느 날, 이 여자는 분에 못 이겨 요셉의 옷을 찢어 놓고는 요셉이 도망가자 "강간범이다"라고 소리 질렀다. 이 거짓 고소로 요셉은 감옥에 갇히게 되었다. 왕의 죄수들만 가두는 특수 감옥이었으나 어둡고 음침하기는 마찬가지여서 요셉 스스로도 이곳을 '옥'(dungeon, 지하 감옥, 창 40:15)이라 불렀다. 요셉은 다시 피해자가 되었다. 이번에는 더 심했다. 지난번에는 다른 사람들의 죄 때문에 무죄한 피해자가 되었다면, 이번에는 하나님과 집 주인을 거스르는 범죄와 배반을 거부하다가 의로운 피해자가 된 것이다.

정직하려면 때로 값비싼 대가를 치러야 할 수도 있다. 1987년 조지아주 농구 대회 우승은 코니어스(Conyers) 지역 대표팀에게 돌아갔다. 몇 달 후, 이 팀의 코치 스트라우드는 성적 기준상 팀 자격에 미달되는 선수가 출전해서 5초 동안 선수로 뛰었다는 것을 알게 되었다. 그 경기는 결승전이었고 23점 차이로 승리한 경기였다. 스트라우드는 곧 교장에게 이 사실을 알렸고 두 사람은 추후 조치에 대해 의견을 같이했다. 그들은 이 사실을 공표하고 우승컵을 반환했다. "저는 우리 팀 선수들에게 언제나 정직해야 한다고 가르쳤습니다. 그런 제가 정직하지 않다면, 어떻게 되겠습니까?" 자기를 칭찬하거나 비난하는 사람들에게 했던 스트라우드의 간단한 답변이었다. 워낙 보기 드문 이야기여서 전국적 관심을 끌었고 〈뉴욕타임스〉에도 실렸다.

감옥에 갇힌 요셉도 그와 같이 정직한 사람으로 알려져 다시 한 번 승진하게 되었다. 워터게이트 사건으로 유명한 찰스 콜슨의 자서전 《백악관에서 감옥까지》를 보면 콜슨이 처음 감옥에 들어갔을 때 고참이 이런 충고를 했다고 한다. "자기 일에만 신경 쓸 것, 무슨 일이 있어도 남 일에 끼어들지 말 것." 콜슨은 그곳에서 현실과 분리되어 거의 정신 분열 상태를 보이는 재소자들을 보았다. 콜슨은 오히려 남의 일에 끼어들어 그들의 이야기를 들어 주고 사랑해 주고 힘닿는 대로 도와주어야겠다고 결심을 굳혔다.

요셉은 '만약 …만 했더라면'을 되뇌며 뒤돌아보지 않았고 주변을 살피면서 다른 죄수들을 도왔다. 동료 죄수인 왕의 술 맡은 관원장이 꾼 꿈을 해몽해 주었고 그것이 그대로 들어맞아 그 관원장은 풀려나게 되었다. 요셉은 떠나는 관원장에게 자기의 호의를 갚는 뜻에서 바로에게 선처를 호소해 달라고 부탁했다. 그다음에는? 술 맡은 관원장이 너무나 고마워하면서 지체하지 않고 요셉의 부탁을 들어주었는가? 요셉의 부푼 희망이 산산조각 난 것은 다음 한 문장으로 잘 표현되었다. "술 맡은 관원장이 요셉을 기억하지 못하고 그를 잊었더라"(창 40:23).

몇 달이 지나고, 한 해가 지나고, 또 한 해가 지났다. 요셉은 이 기적인 사람의 무심한 배은망덕의 피해자가 되어 2년을 더 고통 가운데 보내야 했다. 이제 그는 무죄한 피해자요 의로운 피해자일 뿐 아니라 잊힌 피해자가 되고 말았다. 세 번씩이나 이런 일을 당하고 보면 요셉도 분노가 일면서 다음과 같은 책임 전가에 빠져들 법했다.

형들이 나를 노예로 팔지만 않았더라면.

그냥 하자는 대로 보디발의 아내와 잤더라면.

그 못된 술 맡은 관원장이 나를 잊지만 않았다면.

하나님이 나를 기억하기만 하셨다면!

그러나 요셉은 이런 말들을 전혀 내뱉지 않았고 특히 마지막 말은 생각조차 하지 않았다. 어느 날 갑자기 감옥에서 불려 나와 해몽 실력에 대해 바로의 찬사를 들은 요셉은 오히려 그 공을 하나님께 돌렸다. "내가 아니라 하나님께서 … 하시리이다"(창 41:16). 그는 사람들이 자기를 잊어버렸을 때에도 하나님은 언제나 자기를 기억하신다는 사실을 한순간도 잊지 않았다.

요셉은 이렇게 책임을 전가하거나 원한에 찬 심정으로 뒤돌아보는 일 없이 끝까지 "이스라엘의 전능자"를 믿고 위를 바라보았다. 그 결과, 그는 자신의 신앙뿐 아니라 정체성과 자존감, 자신감과 진정한 자아까지 지킬 수 있었다. 거듭거듭 피해자가 되었음에도 요셉은 결코 자기가 입은 피해를 핑계 삼지 않았으며, 자신이 피해자라는 정체성을 갖지 않았다. 과연 "무성한 가지, 그 가지가 담을 넘었도다"라는 말씀과 같았다. 장애물을 넘는 사람, 승리자, 이것이 요셉의 정체성이 되었다.

전체를 한눈에 볼 때 깨닫는 하나님 섭리

포도나무 가지가 마침내 담장 꼭대기에 이르면 정말 놀라운 일이 벌어진다. 모든 것이 완전히 다르게 보인다. 이제 요셉은 자신의 인생과 지금까지 겪어 온 모든 일을 하나님의 눈으로 보게 되었다. '유리한 고지'란 특정 장소나 상황을 볼 때 '총체적 시야나 더 넓은 전망을 확보할 수 있는 지점'을 말한다. 피해자라도 장벽 꼭대기의 유리한 고지에 올라가서 바라보면 모든 것이 달라 보인다. 그 위에 서면 비로소 "하나님을 사랑하는 자 곧 그의 뜻대로 부르심을 입은 자들에게는 모든 것이 합력하여 선을 이루느니라"(하나님이 모든 것을 합력하여 선을 이루시느니라, NIV, 롬 8:28)라는 말씀을 이해할 수 있다. 이제 우리도 요셉이 큰 피해를 당한 여러 사건들 속에서 하나님이 일하고 계셨음을 볼 수 있다.

- 노예로 팔려 간 사건은 요셉을 애굽에 데려다 놓았다. 나중에 하나님은 그 백성을 애굽의 보호 아래 살게 하시면서 그 와중에 그 백성으로 큰 나라를 이루셨다.
- 왕의 시위대장 보디발의 집에 팔렸던 사건으로 요셉은 완전히 애굽인처럼 되었고, 그래서 바로에게 더 가까운 곳으로 갈 수 있었다.
- 보디발 아내의 거짓 고소 때문에 부당하게 체포된 요셉은 왕의 감옥에 갇히게 되었고, 거기서 바로의 관원장들을 만나

그들의 꿈을 해석해 준다.
- 배은망덕한 술 맡은 관원장이 꼬박 2년 동안 요셉을 잊고 있었으나 그 때문에 오히려 바로의 꿈을 유일하게 해석할 수 있는 요셉을 적절한 때에 정확하게 기억할 수 있었다. 여기까지 오는 데 불의와 피해로 가득 찬 13년이라는 끔찍한 세월이 걸렸다. 하나님이 그분의 뜻을 위해 사용하실 수 없는 우연하거나 사소한 일, 어리석거나 악한 일은 단 하나도 없었다.

그렇다. 장벽 꼭대기에 올라서면 전경(sight)과 후경(hindsight)을 한 번에 볼 수 있는데, 이는 좌우 2.0 시력에 비유할 수 있다. 안과 의사들은 20/20(좌우 2.0)이 인간이 가질 수 있는 가장 좋은 시력이라고 말한다.

그러나 요셉의 시력은 더 좋았다. 요셉은 전경과 후경은 물론 먼 앞쪽(foresight)까지 다 볼 수 있어서 그의 시력은 50/20이라고 할 수 있다. 창세기 50장 20절에 요셉이 형들에게 말하는 장면이 나온다. "당신들은 나를 해하려 하였으나 하나님은 그것을 선으로 바꾸사 오늘과 같이 많은 백성의 생명을 구원하게 하시려 하셨나니." 요셉의 이 말은 문자 그대로 이루어지고 있었다. 요셉을 죽이려 했던 형들의 생명이 요셉의 식량 비축 정책 덕분에 구원받았으니 말이다.

자신을 피해자로 여기는 사람들의 반박이 내 귀에 들리는 듯하다. "하지만 우리가 당한 끔찍한 사건, 깊은 상처, 다른 사람들이 우리에게 저지른 죄, 우리 자신의 죄와 실패와 허물 따위가 있어야만 하나님이 그분의 계획과 뜻을 이루시는 것은 아니지 않습니까?" 물론 하나님께서는 이런 것이 필요 없다. 하지만 이 타락하고 불완전한 세상에서 하나님이 손에 들고 일하셔야 할 재료는 거의 모두 그런 것뿐이다. 피해자들 가운데 이런 재료를 스스로 취한 사람은 많지 않다. 우리가 선택할 수 있는 길은 한 가지뿐이다. 그 재료를 가지고 어떻게 할 것인가, 즉 하나님이 그 재료로 일하실 수 있도록 그분께 드릴 것인가다.

포도나무 가지 요셉은 50/20의 믿음이 있었기에 벽을 타고 오를 수 있었다. 그렇게 올라 마침내 꼭대기에 이르러 50/20의 시력을 갖게 되었다. 그 유리한 고지에서 바라보자 무의미하던 것이 의미를 만들어 냈고 고통에 목적이 생겼으며 불행은 사역으로 바뀌었다.

요셉의 비결

요셉의 비결은 무엇일까? 아무 열매 없는 무익한 행위인 책임 전가를 그만두고 풍성한 열매를 맺는 믿음과 섬김으로 나아가려면 요셉에게 무엇을 배워야 할까? 야곱이 사용한 '포도나무'가 예수님의 비유에서는 어떤 의미로 쓰였는지 살펴보자. 야곱은 참으로 놀라운 예언을 함으로써 구약에서 예수님을 가장 많이 닮은 요셉을 예수님의 모형으로 묘사했다. 특히 요한복음에 나타난 예수님의 모습과 견

주면 거의 동일하다시피 하다. 예수님은 이렇게 말씀하셨다. "나는 포도나무요 너희는 가지라 그가 내 안에, 내가 그 안에 거하면 사람이 열매를 많이 맺나니 나를 떠나서는 너희가 아무것도 할 수 없음이라"(요 15:5). 요셉이 무성한 가지가 될 수 있었던 힘은 참포도나무이신 살아 계신 하나님께 붙어 있었기 때문이다. 바로 그 하나님이 믿음, 용서, 신실함, 용기 등 요셉이 보여 준 모든 열매의 근원이시다.

요셉이 무성할 수 있었던 또 하나의 이유는 '샘 곁에' 있었기 때문이다. 하나님의 생명과 능력이 샘이나 시내로 비유되는 경우는 성경에 수없이 많다. 여기서 야곱이 사용한 이미지도 예수님이 자신을 지칭하여 사용하신 놀라운 상징과 똑같다. 다시 한 번 놀라지 않을 수 없다. 우물가의 사마리아 여인에게 예수님은 자신을 생수로 선포하셨다. "내가 주는 물은 그 속에서 영생하도록 솟아나는 샘물이 되리라"(요 4:14). 나중에는 성전에서도 말씀하셨다. "나를 믿는 자는 … 그 배에서 생수의 강이 흘러나오리라"(요 7:38).

요셉이 담을 넘는 무성한 가지가 된 까닭은 참포도나무와 온전히 하나 되어, 만유의 근원이요 샘물이신 그분께 생명을 받아 마셨기 때문이다.

기독교 역사상 가장 기구했던 피해자가 가장 위대한 승리자가 된, 또 하나의 무성한 가지가 생각난다. 패니 크로스비는 맹인이라는 피해자였지만 지난 한 세기 동안 가장 승리를 누렸던, 가장 왕성한 찬송가 작사자였다. 〈예수로 나의 구주 삼고〉를 위시하여 찬양의 기운이 가득 넘치는 그녀의 많은 노래를 보면 '만약 …만 했더라면' 운운하며 투덜대는 소리는 털끝만큼도 찾아볼 수 없다. 요셉의 감옥 생활은 일시적이었다. 그러나 패니 크로스비는 평생 어두움이라는 감옥에 갇혀 지낸 피해자였다. 그녀 역시 자신의 승리의 근원을 잘 알고 있었다. 찬송가 〈인애하신 구세주여〉(Pass Me Not, O Gentle Saviour)에 그것이 잘 나타나 있다(영어 가사를 직역했음. ─ 옮긴이).

> 주는 내 모든 위로의 근원이시요
> 내 생명보다 더 귀한 분이시니
> 땅 위에 내게 주밖에 누가 있으며
> 하늘에서 주 외에 누가 있으리요[5]

야곱이 요셉을 묘사하며 사용한 샘 이미지는 찰스 웨슬리의 위대한 찬송가 〈비바람이 칠 때와〉(Jesus, Lover of My Soul)를 생각나게 한다. 이 찬송가 마지막 절에는 보디발의 아내에게 유혹당할 때 자신의 힘의 근원이신 하나님을 의지하는 요셉의 모습이 잘 나타나 있다.

> 나의 죄 사하는 주 은혜 크도다
> 생명수로 고치사 나를 정케 하소서
> 생명수는 예수시니 마시게 하옵시고
> 샘물처럼 내 맘에 솟아나게 하소서[6]

요셉은 진정 담을 뛰어넘은 포도나무 가지요 무성한 가지였다. 우리도 우리 생명의 근원이시요 우리에게 힘 주시는 샘물이신 그분께 늘 붙어 있다면 요셉처럼 될 수 있다.

여기 현대판 요셉 이야기를 소개하고자 한다. 하나님이 피해자를 승리자로 바꾸신 이야기, 이상한 이름을 가진 여자의 인생 이야기다.

'완전 무장' 보니(Bonnie)

5년 전이다. 주말 세미나에서 어떤 젊은 여성 이야기를 한 적이 있다. 어린 시절에 반복적으로 들은 파괴적인 말들에 오랜 세월 억눌려 있다가 치유받고 그 굴레에서 벗어난 여성이다. 그 파괴적인 말은 이런 것들이었다. "절대 경계를 늦추지 마. 방심하면 사람들은 너의 참모습을 알게 되고 그러면 너를 싫어하게 될 거야." 나는 이런 사례를 이야기할 때마다 그 당사자를 보호하기 위해 항상 이름과 지역을 바꿔 말한다. 그런데 그날 밤에는 말이 헛나가서 나도 모르게 본명을 말해 버리고 말았다. 분명히 말하지만, 지금 사용하는 '보니'라는 이름은 가명이다.

집회가 끝나자 한 여성이 나에게 다가오더니 말했다. "제가 '완전 무장' 보니예요." 나는 대답했다. "예, 보니 이야기가 자매님께 도움이 되었다니 다행입니다." 그러자 그 여성은 미소를 지으며 말했다. "제 말을 못 알아들으셨군요. 제가 그 여자란 말이어요. 제가 보니라구요. 기억 못하시겠어요?"

그 순간 내가 실수했음을 깨달았다. 나는 그야말로 사색이 되어 장황하게 사과를 늘어놓기 시작했다. 보니는 내 말을 가로막더니 여전히 웃는 얼굴로 자신은 조금도 당황하지 않았다고 내게 몇 번이고 분명히 말했다. "사람들한테 도움이 된다면 언제든지 제 이야기를 마음껏 하셔도 괜찮아요. 저도 사람들을 도울 때 항상 목사님 이야기를 하거든요."

그로부터 얼마 안 되어 보니에게서 편지가 왔다. 보니는 자신의 모든 사연을 들려주었다. 어렸을 때부터 보니는 자신이 '정신 장애인'이라는 기분이 들었다고 한다. 보니는 언니들이 하던 말을 잊을 수 없었다. "항상 보니가 골칫덩이야. 조만간 엄마, 아빠가 보니를 방에 가둘지도 몰라." 보니는 집에 있을 때 미움 살 만한 행동을 자주 했다. 언니들이 보니가 옆에 있는 것을 견디지 못해서, 보니는 조그만 방에서 따로 자야 했다. 그러나 학교나 교회에서, 그리고 다른 사람들이 볼 때 보니는 완전히 다른 사람이었다. 사람들이 보기에 보니는 '뭐 하나 빠지는 게 없는' 아이이자 '착한 그리스도인'이었다. 보니는 이십 대에 결혼했는데, 그 당시 자신은 완전히 '위선자'였다고 말했다.

28세가 되었을 때 보니와 남편은 그리스도를 만났고 인생에 일대 전환을 맞았다. 보니의 삶과 결혼 생활에 놀라운 변화가 일어났다. 하지만 사람들이 다가오지 못하게 막는 내면의 벽은 그대로였다. 남편과 아이들도 그 벽을 넘을 수 없었고, 보니의 여러 삶의 영역에 예수님이 들어가시는 데도 방해가 되었다. 얼마 후 보니의 남편은 사역자로 부르심을 받아 부부가 함께 애즈베리신학교로 왔다. 보니의 남편은 대학과 대학원 과정을 모두 마쳤다.

그들이 신학교에 있을 때 친구의 권유를 받아, 헬렌과 내가 인도하던 토요일 세미나에 참석한 적이 있다. 주제는 "어린아이의 일을 버리라"였다. 보니는 편지에 이렇게 썼다. "제가 왜 그 세미나에 갔는지 지금도 잘 모르겠어요. 아이들 도시락을 싸서 놀이방에 가져다 주고 오면서도 내가 왜 금쪽같은 시간을 이런 데 버리고 있나 하는 생각이 떠나지 않았어요. 하지만 금세 알게 되었지요."

보니와 그 자매들은 어렸을 때 집에서 구타와 성폭행을 당했다. 나이가 조금 들어 저항할 수 있게 되자 이번에는 동생이 당할 차례였다. 오랜 세월 동안 보니의 마음에서는 깊은 죄책감이 떠나지 않았다. 그 외에도 많은 문제들이 있었다. 보니의 편지를 보자.

> 지옥이었어요. 마음 둘 데가 없어서 항상 그런 생각이 들었어요. 정말로 나를 그런 집에 태어나게 한 것은 하나님의 실수라고 생각했어요. 하나님이 나를 사랑하신다면 어떻게 그런 집에 둘 수 있겠어요? 이런 이야기를 누군가에게 해 보려고도 했어요. 그랬더니 그 사람

은 웃어넘기며 거짓말하지 말라고 하더군요.

그날 아침, 목사님 세미나에 참석할 때까지만 해도 몰랐어요. 제가 어린 시절의 파괴적인 말들을 지금까지 품고 살아왔다는 것 말이에요. 목사님이 나누어 주신 종이를 보면서 여러 질문에 답을 쓰고 있을 때였어요. 그런데 꼭 누군가 다른 사람이 나 대신 이미 답을 써 놓은 것 같은 기분이 들었어요. 그 순간 깨달았지요. 내가 느꼈던 감정 자체는 문제가 없지만, 그 감정에 매달려 삶이 망가지게 내버려 둔 것은 잘못이라는 것을요. 다섯 살 어린 소녀가 알아야 할 게 있더군요. 경계를 늦추고 무장을 해제하고 예수님의 놀라운 사랑을 그냥 받으면 된다는 것 말이에요.

그날 아침 하나님은 제게 특별한 일을 해 주셨어요. 그때부터 저는 저 자신에 대해 마음이 편해졌어요. 남편과 아이들한테도 마음을 열 수 있었구요. 남편도 저를 참 좋아하고 말로도 그 사랑을 표현해 주곤 해요. 사람들도 제 곁에 있기를 좋아하고 저도 제가 좋아요. 아이들도 엄마인 저를 대단하게 보고 저한테 무엇이든 털어놓고 이야기하게 됐어요. 무엇보다 좋은 것은 사람들이 예수님을 영접하고 싶은 시점에 이르렀을 때 도움을 받으러 저를 찾아온다는 거예요. 저에겐 정말 특별한 일이에요.

최근에 또 한 번 보니의 편지를 받았다. 두 주 간격으로 부모를 잃으면서 겪었던 슬픔에 대해 쓴 편지였다.

저는 이번 일을 하나님을 찬송하며 이겨 낼 수 있었어요. 하나님은 거기 계셨고 저를 도와주셨죠. 그래도 제가 마음을 열었기에 제게 다가와서 저를 사랑해 준 사람들이 아니었다면, 제가 이 일을 어떻게 감당할 수 있었을까요? 사랑하는 사람을 잃고 십 대 아이들을 키우며 분주한 사택 생활을 하다가도 문득문득 내 삶에 평안이 있는 것을 느껴요. 정말 놀라운 일이에요. 하나님은 절대로 실패하지 않으세요! － 그리스도 안에서, '무장 해제' 보니 드림

그렇다. 모든 생명과 힘의 근원이신 하나님은 오늘도 피해자를 승리자로 바꾸신다. 그들을 통해 당신의 영광을 드러내고 계신다.

피해자인가 승리자인가

우리는 마르다와 마리아의 사랑하는 오빠인 나사로의 무덤 이야기로 이 책을 시작했다. 그들은 "주께서 여기 계셨더라면(if only) 내 오라버니가 죽지 아니하였겠나이다" 하며 불만을 토로했다. 우리는 주님께서 두 자매에게 주시는 도전의 말씀을 들었다. "내 말이 네가 믿으면(if) 하나님의 영광을 보리라 하지 아니하였느냐." 이어 주님은 그들이 책임을 전가하지 않고 믿음으로 나아갈 수 있도록 한 걸음 한 걸음 인도해 주셨고, 우리도 주님을 따라 그 길에 동참했다. 두 자매

는 구경꾼이 되어 하나님의 영광을 보았다. 그뿐만 아니라 나사로를 싸고 있던 수의를 벗겨 풀어 놓아 줌으로써 영광의 협력자가 되었고 우리도 함께 그 과정에 참여했다.

끝으로 우리는 요셉을 살펴보았다. 요셉은 거듭 피해를 당하면서도 피해자의 '만약 …만 했더라면'에 빠져 과거를 돌아보지 않고, 항상 "이스라엘의 전능자"를 확고히 믿음으로 위를 바라보며 결국 승리자가 되었다. 우리는 십자가와 부활을 통해 역사상 최대의 피해자이자 최대의 승리자가 되신 예수님의 가장 분명한 모형이 요셉임을 알게 되었다.

에이브러햄 링컨은 "선과 악이 유일하게 공유하고 있는 것은 싸움터"라고 말했다. 악의 궁극적 힘은 인간이 선악을 혼동하여 "악을 선하다"(사 5:20) 함으로써 그 악의 도를 더하게 할 때 나타난다. 그리고 하나님의 궁극적인 힘은 인간이 하나님으로 인하여 다음과 같이 고백할 때 나타난다. "당신들은 나를 해하려 하였으나 하나님은 그것을 선으로 바꾸사 … 많은 백성의 생명을 구원하게 하시려 하셨나니"(창 50:20).

성령의 거울에 비추어 볼 때 당신은 피해자인가, 승리자인가? 선택은 당신에게 달렸다.

주

1. "만약 …만 했더라면"

1. 〈타임〉, 1994년 7월 11일자, 26쪽.
2. Charles J. Sykes, *A Nation of Victims: The Decay of the American Character* (New York: St. Martin's Press, 1993).
3. *Diagnostic and Statistical Manual of Mental Disorders*, American Psychiatric Association, 1994. 캘리포니아대학교 사회사업학과 교수 허버트 커친스와 스튜어트 커크는 *The Selling of DSM*(DSM 판매)라는 저서에서 *DSM* 이면의 철학을 호되게 비판한다.
4. David A. Seamands, *Healing of Memories* (Wheaton, HL: Victor Books, 1985), 152-57. (데이비드 씨맨즈, 《기억의 치유》, 죠이선교회 역간)

2. 고난의 문제, 여전한 수수께끼

1. *United Methodist Hymnal*, 500.
2. 파스칼, 《팡세》.
3. Handley Moule, 출처 미상.
4. Frank Chambers, *Daily Readings from the Works of Leslie Weatherhead* (Nashville: Abingdon Press, 1968), 296.

3. 중요한 건 '지금 여기'

1. Marlon Brando & Robert Lindsey, *Brando: Songs My Mother Taught Me*

(New York: Random House, 1994). 1994년 8월 28일자 〈퍼레이드〉에서 리뷰함.

2. C. S. Lewis, *The Screwtape Letters* (New York: Macmillan Publishing Co., Inc., 1959), 67-68. (C. S. 루이스, 《스크루테이프의 편지》, 홍성사 역간)

3. 같은 책, 60-61.

4. Oswald Chambers, *My Utmost for His Highest* (New York: Dodd Mead Co., 1935), 3월 19일 해당 난. (오스왈드 챔버스, 《주님은 나의 최고봉》, 토기장이 역간)

5. Paul Brand & Philip Yancey, *In His Image* (Grand Rapids: Zondervan, 1984), 108-63. (폴 브랜드, 필립 얀시, 《그분의 형상을 따라》, 포이에마 역간)

6. William Barclay, *The Gospel of John,* Vol. 2 (Edinburgh: St. Andrews Press, 1955), 113.

7. Henri Nouwen, *Compassion: A Reflection on the Christian Life* (Garden City, N. Y.: Doubleday, 1982), 24. (헨리 나우웬, 《긍휼》, IVP 역간)

4. 날 위해 피해자가 되신 예수를 의지하여

1. *United Methodist Hymnal*, 363.

2. Frank Lake, *Clinical Theology* (London: Darton, Longman and Todd, 1966). 본 단락의 통찰은 레이크 박사에게 힘입은 바 크다. 레이크 박사는 이 책에서 이 주제를 매우 상세히 다루고 있다. 특히 24-30쪽, 1090-1148쪽을 보라. 십자가의 이런 측면을 이토록 심오하게 다룬 사람은 아직 보지 못했다.

3. 〈내셔널 지오그래픽〉(*National Geographic*) 광고에서.

5. 내면의 어두움에 십자가 빛을 비추고

1. Brennan Manning, *The Lion and the Lamb* (Old Tappan, N. J.: Fleming H. Revell Co., 1986), 126. (브레넌 매닝, 《사자와 어린양》, 복있는사람 역간)

2. Roger F. Hurding, *Restoring the Image* (Greenwood, S. C.: The Attic Press, Inc., 1980), 30. 이 책에서 재인용.

3. *United Methodist Hymnal*, 591.

6. 고통스러운 과거를 재구성하다

1. Maurice Nesbitt, *Where No Fear Was* (New York: Seabury Press, 1981), 35-49. 6장의 여러 통찰은 이 책에서 가져온 것이다.
2. Edward FitzGerald, *Rubáiyát of Omar Khayyám* (에드워드 피츠제럴드, 《루바이야트》, 지식을만드는지식 역간)

7. 변명을 걷어내고 책임질 용기를 내다

1. Paul Brand & Philip Yancey, *Pain: The Gift Nobody Wants* (New York: Zondervan, 1993), 135, 159. (폴 브랜드, 필립 얀시, 《아무도 원하지 않는 선물》, 비아토르 역간)
2. G. Campbell Morgan, *The Great Physician* (London: Marshal, Morgan and Scott Ltd., 1937), 100. (캠벨 모건, 《이미 모든 것을 알고 계시는 주님이 너에게 말씀하신다》, 규장 역간)
3. M. Scott Peck, *The Road Less Traveled* (New York: Simon & Schuster, 1978), 133. (M. 스캇 펙, 《아직도 가야 할 길》, 율리시즈 역간)

8. "네가 믿기만 한다면"

1. Francis G. Frangipane, *In the Place of Immunity* (Cedar Rapids, Iowa: Arrow Publications, 1994), 83-85.
2. *Book of Common Prayer* (New York: The Seabury Press, 1979), 58-59.
3. G. Campbell Morgan, *The Great Physician* (London: Marshall, Morgan and Scott Ltd., 1937), 177.
4. 1994년 12월 9일, ABC TV, 〈20/20〉에서.

5. Dietrich Bonhoeffer, *The Cost of Discipleship* (New York: Macmillan Company, 1948), 60-62. (디트리히 본회퍼, 《나를 따르라》, 대한기독교서회 역간)
6. 〈타임〉, "The Humongous Fungus"(거대한 균류), (1992년 4월), 62.
7. 교회 선교회(Church Missionary Society)에서 한때 서기로 섬기다 후에 윈체스터의 주교가 된 존 테일러(John Taylor) 박사에게서 직접 들은 이야기다.

9. 함께할 때 열리는 치유와 회복의 문

1. Gordon McDonald, "The Small Group Letter," *Discipleship Journal* (1989년 3/4월), 47.
2. Eugenia Price, *Discoveries Made from Living My Life* (Grand Rapids: Zondervan, 1953), 16.

10. 피해자에서 승리자로

1. David A. Seamands, *Living with Your Dreams* (Wheaton, Ill.: Victor Books, 1990). 요셉의 생애를 상세히 연구한 책이다. (데이비드 씨맨즈, 《좌절된 꿈의 치유》, 두란노서원 역간)
2. Andrew Vachss, "You Carry the Cure in Your Own Heart" *Parade*, (1994년 8월 18일), 4-6.
3. William Redford, M. D. *The Trusting Heart* (New York: Random House, 1989). 같은 저자의 *Anger Kills* (New York: Random House, 1994)와 Robert S. Eliot, *From Stress to Strength* (New York: Bantam Books, 1994)를 보라. 또한 *Psychology Today* 1989년 1/2월 호 36-59쪽에 "Heart and Soul"(마음과 영혼)이라는 제목 아래 나오는 여러 기사들을 보라.
4. "용서도 인간의 일이다", 〈뉴스위크〉, 1995년 1월 18일자, 62.
5. *United Methodist Hymnal*, 351.
6. 같은 책, 479.